再び、否！

生きる力を鍛え続けさえすれば、
誰しもが「地上最強」になれるッ!!
「今さら遅い」だの
「そこそこでいい」だのといった、
弱者の怯懦に耳を貸すなッ!!

JN050162

過去の偉大なる強者たちが遺（のこ）した
「最強の知恵」の数々。

それこそが、
四字熟語なりッ!!

刃牙に学ぶ

地上最強

四字熟語

五百田達成

Gakken

問う！
強さとは何かッ？

喧嘩に負けない腕っぷし？
目的を完遂する精神力？

否！！
強さとは生きる力なり！

飽かず勝利を求め、恥じず敗北を受け入れ、

逆境に挫けず、好機に弛まず、

強靱な身体と柔軟な精神を怠りなく整え、

敵を敬い、仲間を尊び、強者に挑み、弱者を守護り、

自らが選び取った幸福を、決して他人に奪わせない

それこそが強さであるッ!!

「男子（おとこ）はね——

誰でも一生のうち一回は

地上最強ってのを夢みる」

「けれど

誰もがそれを

どこかであきらめていく」

今こそ「史上最強」の教典に
触れ、学び、
己の血肉とすることで、
「地上最強」を
目指すのだッッ!!

――まえがきに代えて　五百田達成

地上最強

chijo-saikyo

夥しい戦果に彩られた

『範馬刃牙』31巻 第256話 「反撃の狼煙」より

この地上において
並ぶ者のない
最強の生物のこと。
範馬勇次郎。

"強さ"の結晶!!!

目次

Contents

「心」の章

「技」の章

「体」の章

「知」の章

「愛」の章

人生で大切なことは、
ほほほぼ「刃牙」に書いてあった

範馬刃牙

マンガ　板垣恵介

編集協力　山下達也
（ジアスワークス）

カバー・本文デザイン　井上新八

刃牙に学ぶ　地上最強四字熟語

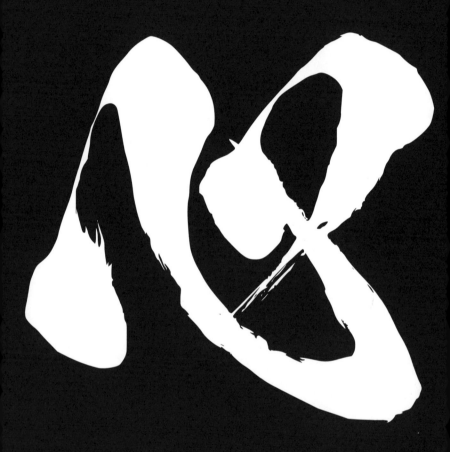

Mental

「心」の章

初志貫徹

しょしかんてつ

最初に心に決めた志を
最後まで貫き通すこと。

ほんの一握り……
何があっても
誰に出逢っても
大人になっても　決して
この夢をあきらめない
人達がいる——

shoshi-kantetsu

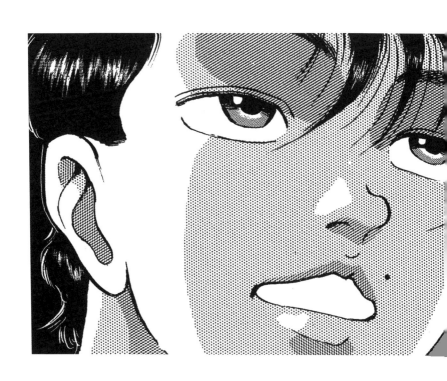

『グラップラー刃牙』21巻 第187話 「夢を追う者たち!!」より

地下闘技場での凄惨な戦いを目にし、困惑する梢江に刃牙は言う。「今日ここに集まった男たちは、
地上最強という夢を諦めなかった、夢見る男たちなのだ」と。目的達成のための最強の原動力、
それは夢を見続ける意志の強さなのだッ!!

捲土重来

けんどちょうらい

敗北した者が
勢いを取り戻し、
再び戦いの場に
立つこと。

kendo-chorai

『グラップラー刃牙』5巻 第44話 「スペシャル・マッチ!!」より

かつて範馬勇次郎に敗れ深い傷を負った愚地独歩。「あの日」の屈辱を拭い去るため、再び地下
闘技場の舞台に立つ。何度敗北しようとも戦いの場に立ち続けさえすれば、その度に勝利に近づ
くのだッ!!

大胆不敵

だい たん ふ てき

度胸が据わっており、
物事に動じないこと。

daitan-futeki

『グラップラー刃牙』1巻 第1話 「ヤツの名は刃牙!!」より

単身、神心会空手大会にエントリーした範馬刃牙。繰り出される愚地独歩の拳は宙を舞い、あまつさえ「CHU ❤」まで見舞われてしまう。真の強者たるもの、圧倒的なアウェイの場でも余裕と愛嬌を忘れるべきではないッ!!

喧嘩上等

けん
か
じょう
とう

喧嘩になっても
構わない、
受けて立つ
という意気込み。

kenka-joto

『グラップラー刃牙』9巻 第74話 「範馬刃牙、13歳!!」より

たった13歳のボウヤ（刃牙）に街の不良やチンピラが恐れをなし、誰も手を出せない……。ヤンキー北沢は、卑怯者と誹られても構わないと100人のワルを招集する。心の底から欲する勝利を手にするためには、手段を選ぶべきではないッ!!

喧嘩<ruby>喧嘩<rt>ゴ</rt></ruby>

喧嘩における美学、
覚悟、心意気。

喧嘩意地！

goro-mentsu

『グラップラー刃牙』23巻 200話 「武道か!? 喧嘩道か!?」より

「武」を体現する日本拳法・稲城文之信と、「侠」を体現する喧嘩師・花山薫が激突。花山は稲城の武技を正面から堂々と受けきった後、圧倒的な暴力でこれをねじ伏せる。戦いの場において小賢しい技はむしろ害となる。ただ己の信念を叩きつけるべきだッ!!

青天霹靂

<ruby>青<rt>せい</rt></ruby><ruby>天<rt>てんの</rt></ruby><ruby>霹<rt>へき</rt></ruby><ruby>靂<rt>れき</rt></ruby>

晴れの日の雷鳴。
転じて、
予想していなかった
突然のできごと。

seiten-no-hekireki

『グラップラー刃牙』32巻 第276話 「オーガの呻き」より

「皆殺しにしてくれるッッッ」闘士たちに襲いかかる巨凶・範馬勇次郎。刹那、一発の銃声が鳴り響き、その頭上に捕獲網が射出される。油断をすれば勇次郎ですら不意をつかれてしまう。いついかなる場面でも不測の事態に備えることが、確実な勝利には欠かせないッ!!

意気消沈

<ruby>意<rt>い</rt></ruby><ruby>気<rt>き</rt></ruby><ruby>消<rt>しょう</rt></ruby><ruby>沈<rt>ちん</rt></ruby>

元気をなくして
落ち込んでいるさま。

筋肉がまるで氷のように冷えきっている

iki-shochin

『グラップラー刃牙』8巻 第65話 「悪魔の技」より

「か…勝てっこない……!!!」。鎬紅葉の底知れぬ実力に、戦意喪失する刃牙。恐れるべきは敗北することではない。勝利をあきらめ敵に背を向けることだ。起立（た）テッ‼

意気込んで
奮い立つさま。

意気軒昂

き

けん

こう

iki-kenko

『グラップラー刃牙』8巻 第65話 「悪魔の技」より

鎬紅葉の魔技は、許されざる人体実験の成果だった……！ 苦しみぬいた犠牲者たちのエールを
受け、刃牙の魂と身体に再び火が灯る。真の強者は己のためではなく、弱者のためにこそ力を発
揮するッ!!

脳内麻薬
エンドルフィン

激しい苦痛に
晒されると分泌される
神経伝達物質。
痛みとストレスを和らげ、
精神を劇的に
高揚させる効果を持つ。

endorphin

『グラップラー刃牙』19巻 第168話 「刃牙、攻める!!」より

ついに始まった、刃牙と勇次郎との戦い。全開で力と技の全てを叩きこむ刃牙だが、さらなる力を引き出すため脳内麻薬を激しく分泌させる。「無理だ」「限界だ」というメンタルブロックを外して、いかに己の限界を超えられるか。強者と弱者を隔てる壁はそこにあるッ!!

懸崖撒手

切り立った断崖から
手を離すたとえ。
転じて、勇気をふるって
何かを成し遂げようと
決心すること。

やっちゃったよ

kengai-sasshu

『グラップラー刃牙』11巻 第98話 「その一線を超えろ…!!」より

「脳内麻薬」を超える「死に際の集中力」をモノにするため、刃牙は断崖絶壁から決死のダイブを
敢行する。死の覚悟さえあれば恐れることなどなにもない。つべこべ言わず、目の前の一歩を踏み
出せッ!!

切歯扼腕

sesshi-yakuwan

歯ぎしりをし、
自分の腕を
強く握りしめて
怒ったり
悔しがったりすること。

『バキ』20巻 第172話 「幕開け❷」より

マホメド・アライ Jr. に対し、禁断の「アライ・猪狩状態」で迫る勇次郎。するとアライ Jr. は戦い
にならなかったことを喜び、笑顔で去ってしまう。悔しいときは全身全霊をかけて悔しがるべきだ。
なぜなら、その痛みこそが次の戦いのエネルギーとなるのだからッ!!

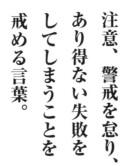

注意、警戒を怠り、あり得ない失敗をしてしまうことを戒める言葉。

油断大敵

再試合だッやりなおさせろォッ

認めねェゾオッ

ドッ

白虎

白敗北た……

俺が……

……ッッッ

yudan-taiteki

『グラップラー刃牙』26巻 第227話 「行住坐臥 すべて闘い」より

刃牙はズールのゴング前奇襲を受けて気絶、まさかの敗北を喫してしまう。徳川光成は「真剣勝負は一瞬の油断も許されない」と厳しく叱責する。どんな強者も、かすかな気の緩みで弱者に成り下がる。常に戦いの場に身を置いていることを忘れるなッ!!

海や山のように
永久に変わる
ことのない
固い誓い。

海誓山盟

かいせいさんめい

アンタの大銀杏
決ッして無駄にはしねェ

俺が必ず
優勝するッッ

kaisei-sammei

『グラップラー刃牙』27巻 第234話 「タオルの理由」より

金竜山のかばい手に救われ勝利を得たアントニオ猪狩。納得のいかぬ猪狩だが、金竜山は大銀杏を自ら切り落とし、その気高き精神に猪狩は優勝を誓う。好敵手と魂を削り合うことで、強者のメンタルはさらなる進化を遂げるッ!!

俺は空手界の最終兵器（リーサル・ウェポン）だぜェッ

唯我独尊

ゆい・が・どく・そん

自分が特別に
優れていると
うぬぼれること。

yuiga-dokuson

『グラップラー刃牙』28巻 第242話 「思いあがり」より

花山薫に「最終兵器（リーサル・ウェポン）」としての誇りを打ち砕かれた愚地克巳。思い上がり
を恥じて正面からのぶつかり合いを望む……が、やはりプライドは捨てきれなかった。とはいえ「我
こそが最強」という強固な自信を持たない者は、そもそも闘いの舞台に上がるべきではないッ!!

傍若無人

<ruby>傍<rt>ぼう</rt></ruby><ruby>若<rt>じゃく</rt></ruby><ruby>無<rt>ぶ</rt></ruby><ruby>人<rt>じん</rt></ruby>

周囲に配慮せず、
わがままに
ふるまうさま。

勝ち上がった
9人ッッ
ガン首揃えて
ここへ集めろッッ

本物の闘争
というものを
見せてやるッッ

虎

白

bojaku-bujin

『グラップラー刃牙』31巻 第273話 「9人!!」より

最大トーナメントの場へ乱入した範馬勇次郎は大会を妨害したことに対する謝罪（？）として、勝ち上がった勝者相手の「9人掛け」を提案する。自らの強さを誇りたいなら中途半端は逆効果。圧倒的な傲岸さでもってその場の空気を制圧するのだッ!!

相手の技は全て受けきるッ

正々堂々

<ruby>正<rt>せい</rt></ruby>々<ruby>堂<rt>どう</rt></ruby>々<ruby></rt>せい</rt></ruby><ruby></rt>どう</rt></ruby>

真正面から正しい手段と態度で取り組んでいるさま。

seisei-dodo

『グラップラー刃牙』33巻 第284話 「格闘家とプロレスラー」より

「相手の技を自由に防御していいなんて夢のようだ」と、プロレスラー以外の闘技者を嗤う猪狩。「俺たちゃそんな甘ったれたことは許されねェんだよ」。苦難を避ける道には痛みもないが、成長もない。真正面から受けとめ克服する過程でこそ、昨日より強くなった自分に出会えるのだッ!!

卑怯千万

ひ　きょう　せん　ばん

この上なくずるく、いやしいこと。

察しの通り
あの女は朱沢江珠
ではない

俺の愛人だよ

hikyo-semban

『グラップラー刃牙』33巻 第286話 「……お袋…!?」より

刃牙の圧勝が予想されたVSアントニオ猪狩戦。だが、突如あらわれた亡き母の姿に刃牙は一瞬、目を奪われてしまう。それは猪狩の卑劣な罠だった!　誰よりも貪欲に勝利を欲した者に、女神は微笑む。狡猾・ずるい・卑怯、は最高のほめ言葉と知れッ!!

清廉潔白

せい れん けっ ぱく

行いが清く、正しく、
後ろめたいことが
全くないさま。

自分は
この喧嘩でなに一つ
負い目はねェッ

その気負いッ
その自負心こそが
拳に力を呼び
勝ち目を呼ぶんだッッ

seiren-keppaku

『バキ』4巻 第31話 「自負心」より

「フェアプレーでも敗けちゃ終わりじゃないッスか」と開き直る街の不良を、暴走族「機動爆弾巌
駄無」特攻隊長・柴千春は「性根がなっちゃいねェ」と一喝する。ちっぽけな勝ちに目がくらみ、
何よりも大切な「己」を失うようでは、真の強者には到底なれないッ!!

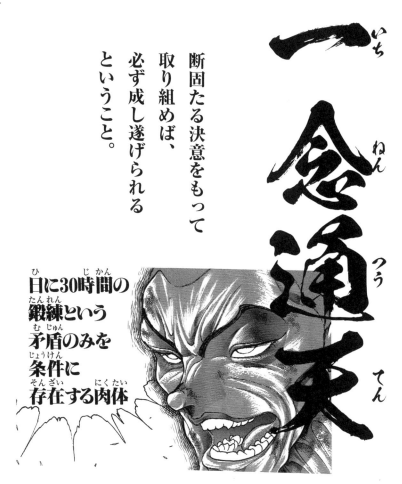

一念通天

いち ねん つう てん

断固たる決意をもって
取り組めば、
必ず成し遂げられる
ということ。

日に30時間の
鍛練という
矛盾のみを
条件に
存在する肉体

ichinen-tsuten

『グラップラー刃牙』42巻 第365話 「最高にして最凶の悪魔」より

長年にわたる薬物過剰摂取の副作用「マックシング」によって、破壊し尽くされたかに見えたジャックの肉体。しかし、その執念は誰も予想していなかった奇跡を引き起こす。実力が拮抗した者同士の闘いにおいて、勝敗を分けるのは「異常」と嗤われるほどの信念だけだッ!!

隠居楽道

いん きょ らく どう

引退し、世俗から、
遠く離れた場所で
静かに、楽しみながら
過ごすこと。

やっぱり？

いや〜〜
バレバレだわ

『グラップラー刃牙 外伝』
完（完結）

inkyo-rakudo

『グラップラー刃牙 外伝』最終話　201 ページ　「親友」より
宿敵・猪狩とのスペシャルマッチでプロレスラーとしての生涯を全うしたマウント斗羽。死闘の後、
猪狩は遺言に導かれるままパリ・モンパルナスの森を訪れ、旧友に"再会"する。晩節を汚すこと
なく去るのもまた、尊敬される強者の美学だッ!!

まずは土下座せいッッ

匹夫之勇

ひっぷのゆう

思慮の浅い人物が
血気にはやってふるう
くだらない勇気。

hippu-no-yu

『バキ』2巻 第9話 「化物（バケモノ）」より

平穏な高校生活を望んでいたはずが、隠しきれぬ存在感から目を付けられてしまう刃牙。不良たちはナメられてすらいないことを屈辱に感じ、暴挙に出た。一目置かれないことに腹を立てて騒ぐのは俗物の証。無用な争いを避けることこそ、真の強者のふるまいだッ!!

破顔大笑
（は）（がん）（たい）（しょう）

hagan-taisho

『範馬刃牙』3巻 第15話 「鬼の笑み」より

刃牙が、"想像上の" カマキリを相手としたリアルシャドーで鍛錬していると聞き、笑いをこらえきれない勇次郎。虚勢を張るのでも相手を嘲笑するのでもない、体の底から湧き出る純粋な笑い。それは、いかなるときも心に余裕を持つ真の強者ならではの所業だッ!!

顔をくしゃくしゃにして
大笑いすること。

堅忍不抜

けん にん ふ ばつ

辛く苦しいことが
あっても、
心を動かさず、
意志を貫くこと。

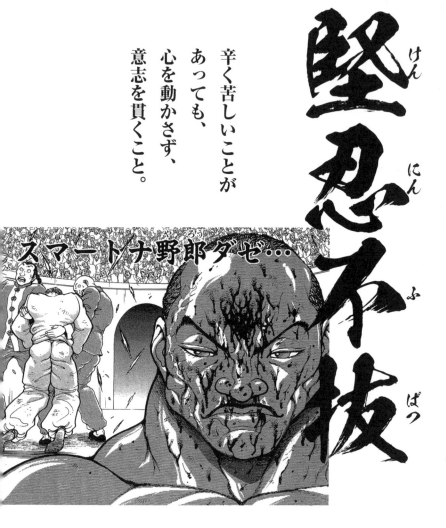

スマートナ野郎ダゼ…

kennin-fubatsu

『バキ』24巻 第210話 「心涼しきは…」より

凶人・龍書文と、ビスケット・オリバの死闘。圧倒的な肉体強度によって書文を退けるオリバだが、
最後まで書文のハンドポケットスタイルを崩すことはできなかった。「心涼しきは無敵なり」。強者た
る者、どんな場面でも己の流儀を貫くクールさを持てッ!!

喜色満面

喜ぶ気持ちが
隠しきれず、
顔全体に
あらわれて
いること。

ここであなたと
ファイトするッッ

kishoku-mammen

『バキ』30巻 第261話 「臆病者（チキン）」より

大怪我を理由に闘いを拒否する息子を「臆病者（チキン）」と煽る厳父、マホメド・アライ。口車に乗せる形でまんまと闘いの場に引きずり出した。嬉しいときには喜びの気持ちをダイレクトに表現する、それもまた強者のふるまいだッ!!

これ以上ないほどの
計り知れない
感動、喜び。

当時の新聞に
ビオンデの言葉が
記されている

「財宝を確認した瞬間
射精していたんだよ
わたしは！」

kangai-muryo

『バキ』5巻 第40話 「人間の英知」より

トレジャーハンター、ジャック・リー・ビオンデは、30年以上も探し続けた財宝を発見。これ以上ない喜びに身も心も打ち震えた後、"老衰"で命を失う。彼にとっては財宝を探すことが生きる理由だったのだ。人生に目的を持つことは人を強くする。魂を震わせる夢を、野望を持てッ!!

感慨悲慟

これ以上ないほどの
計り知れない
嘆き、悲しみ。

ワシが一番
悲しんどるッ
じゃッ
キサマよりッ
キサマ等よりッ
誰よりッッッ

kangai-hido

『バキ』6巻 第48話 「格闘技の本番」より

地下闘技場最強の男・刃牙が、最凶死刑囚に不覚を取ったことは、徳川光成を大いに落胆させた。「喧嘩で不覚を取る闘士など無価値」と厳しく断ずる光成だが、誰より地下闘技場戦士の最強を信じていたのは彼だった。本気で愛した者にだけ、本気で嘆き、悲しむ資格があるッ!!

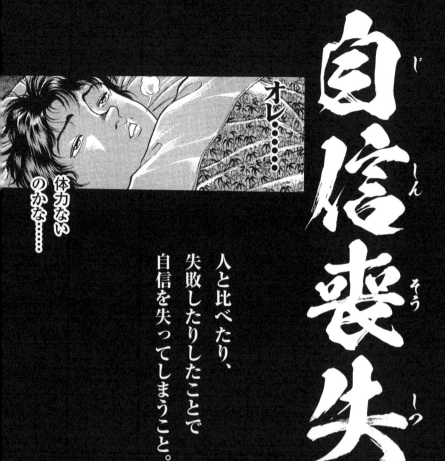

自信喪失（じしんそうしつ）

人と比べたり、失敗したりしたことで自信を失ってしまうこと。

jishin-soshitsu

『バキ』3巻 第18話 「世界記録」より

学校の体力測定に挑む刃牙。あまりに規格外すぎる能力が裏目に出て、結果は散々なものになってしまう。身体同様、心にも休息は必要。ときには冷静に自分を省みる時間も必要だッ!!

髀肉之嘆（ひにくのたん）

実力を発揮する場に恵まれないことを嘆くさま。

老師!!!

なぜ　私に機会（チャンス）を与えないのですッッッ

hiniku-no-tan

『バキ』8巻 第70話 「海王の名」より

十分な実力を持ちながら「海王」を名乗るための試練に挑むことを許されなかった、在りし日の烈海王。いたずらに時が過ぎることに焦るようでは真の強者とは言えない。いついかなるときも自分を磨き続け、来たるべき機会（ジーフィー）に備えるのだッ!!

じ
ぼう
じ
き

自暴自棄

何もかもを投げ出して、
やけくそになること。

jibo-jiki

『範馬刃牙』12 巻 第 96 話 「流るる涙」より

「通用しない…ッ」。ピクルとの闘いの中、己の技術が原始の肉体に通じないことを悟った烈は、
これ以上「武」と「海王」の名を貶めぬため、一人の男、"烈永周"として捨て身の攻撃に打って出る。
ピンチに際しては、「自棄（やけ）」になるのではなく「闘士の覚悟」を決めよッ!!

『範馬刃牙』第⑫巻／完

一日一生
いち じつ いっ しょう

一日を一生のように
真剣に生き、
次の日に悔いを
残さないこと。

いつだって
今日を生きるしか
ないッッッ
きょう い

ichijitsu-issho

『範馬刃牙』7巻 第51話 「刃牙」より

ベトナム戦争に赴く米軍兵士が好んで口にしたという「今日は死ぬにはいい日だ」という言葉。ゲ
バルはそれを「生きるための言葉」と喝破する。「死ぬにはいい日など、死ぬまでないッッ」と。
今日斃れても後悔しない、そう思える日々を重ねることでのみ、人は強くなれるッ!!

慧可断臂

eka-dampi

修行僧・慧可が
臂を切り落として
中国禅宗の
開祖・達磨大師の教えを
請うたことから、
極めて強い覚悟のこと。

持ってけ……

この命ごと

『範馬刃牙』17巻 第132話 「勝利の咆哮」より

真・マッハ突きを会得した愚地克巳。だが、突きの衝撃で右肘以下を失ってなお、ピクルには勝てなかった。「俺はもう十分だ……」。潔く敗北を受け入れることは、全てを出し尽くした者にのみ許されることだッ!!

一念発起
<ruby>一<rt>いち</rt></ruby><ruby>念<rt>ねん</rt></ruby><ruby>発<rt>ほっ</rt></ruby><ruby>起<rt>き</rt></ruby>

それまでの考えを改め、
何かを成し遂げようと
決心すること。

俺が
守護らねば
ならぬ

ichinen-hokki

『刃牙道』4巻 第35話 「集結」より

現代に甦った剣豪・宮本武蔵の想像を絶する強さ、そして殺意。独歩も、烈も、そして勇次郎も
惹かれる気持ちを隠しきれない。そんな中、実戦派・本部以蔵が仲間を守護（まも）るためにい
ち早く立つ。まずは決意せよ!!　できるかどうかはそれからだッ!!

俗物根性

ぞくぶつこんじょう

金銭や名誉など、
世俗的な価値ばかり
追い求める心根。

出世したいのだ!!!

しゅっせ

zokubutsu-konjo

『刃牙道』10巻 第83話 「日本刀」より

闘争を"目的"とする範馬勇次郎に対し、闘争はあくまで"手段"と割り切る宮本武蔵。欲しいものは、美しき娘、目も眩む黄金、呆れるような馳走、そして何より立身出世だと無邪気に夢を語る。ときとして、高邁な思想よりも俗な欲望こそが強さの原動力となるッ!!

怒
眉
び

ど

目
もく

随喜之涙

ワシもじゃ
みんな!!

ワシもじゃ

心から喜び、
うれしさのあまりに
流す涙のこと。

zuiki-no-namida

『グラップラー刃牙』21巻 第185話 「祭りが始まった!!」 より

「地上最強の男を見たいかーッ」。念願だった最大トーナメントがいよいよ開催され、涙する徳川
光成。何が何でも実現したい夢、かなったら泣いてしまうほどの夢。それこそが、日々を輝かせる
原動力となるッ!!

恫<ruby>喝<rt>どう</rt></ruby><ruby>疑<rt>ぎ</rt></ruby><ruby>虚<rt>きょ</rt></ruby><ruby>喝<rt>かつ</rt></ruby>

心の中では
おびえながらも、
虚勢を張って
大声で脅すこと。

dogi-kyokatsu

『グラップラー刃牙』27巻 第231話 「相撲対決!!」より

横綱・金竜山がアントニオ猪狩を終始リード。絶望的な力量差に観客がしらけムードとなる中、それでも猪狩は虚勢を張り続ける。たとえ勝ち目が見えなくても、闘いのさなかに弱みを見せることは許されないッ!!

ちェり
あああッ

乾坤一擲

kenkon-itteki

運を天に任せて、
一か八かの勝負をすること。

『グラップラー刃牙』8巻 第71話 「見よ、剛体術!!」より

鎬紅葉の絶技「打震」を受け、追い詰められた刃牙。しかし、その目はまだ諦めていない。直後、
一撃必殺技「剛体術」によって勝負は決した。最後の最後まで運命に抗う者にだけ、ラストチャン
スは訪れるッ!!

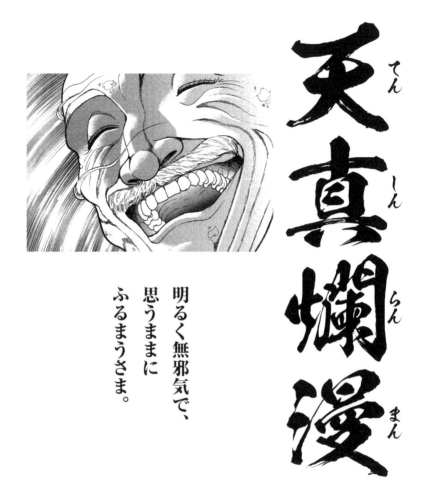

天真爛漫

てん　しん　らん　まん

明るく無邪気で、
思うままに
ふるまうさま。

tenshin-ramman

『バキ』8巻 第64話 「ッしゃアァッ」より

最凶死刑囚の一人ドリアンが遊園地で見せた素顔は、それまで見せていた悪辣非道な姿からはまるで想像できないものだった。普段他人に見せることのない一面、底知れない奥行きを持つこともまた、真の強者の条件だッ!!

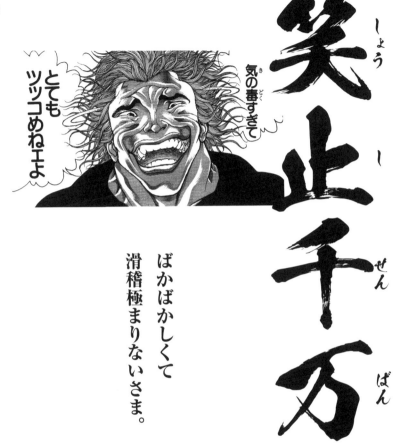

笑止千万

とても
ツッコめねェよ

気の毒すぎて

ばかばかしくて
滑稽極まりないさま。

しょうしせんばん

shoshi-semban

『バキ』23巻 第202話 「心意気やよし」より

百年に一度、「海皇」の名をかけて行われる大擂台賽（だいらいたいさい）。「海皇」の名を外に出さぬため、土壇場でルール変更を申し出る中国陣営を範馬勇次郎は嗤う。くだらないことを言ってくる相手には、いちいち関わり合わず、ただ一笑に付してやれッ!!

決意表明
けついひょうめい

親父…

オレと戦ってくれ

その試合を最後の防衛戦とし──

俺という
おれ
物語の
ものがたり

ketsui-hyomei

締め括りと
したい

自らの決意を明らかにし、伝えること。

『バキ』31巻 第272話 「覚悟」より

最大トーナメントのライバルたち、最凶死刑囚、中国連合軍、そしてアライ Jr.……。多くの死闘を経て資格を証明した刃牙が、いよいよ範馬勇次郎に宣戦を布告する。覚悟や決意とは、一朝一夕に芽生えるものではない。夥しい数の経験の積み重ねによってのみ培われるのだッ!!

会稽之恥

かい　けい　の　はじ

越王・勾践が、
呉王・夫差との
会稽山での闘いで敗北し、
屈辱的な講和を
結んだ故事から、
敗戦の屈辱の意味。

kaikei-no-haji

『バキ』16巻 第138話 「逃亡」より

「最愛」を知ったバキは、2人がかりで襲い来る最凶死刑囚、柳とシコルスキーを手玉に取り、しかもとどめを刺さない。屈辱のあまり絶叫する柳。人目を憚らず恥じ、叫び、悔しがることもまた、強くなるためには必要だッ!!

自由は
何一つないッ

自由奔放

じゆうほんぽう

しきたりや
ルールに
とらわれず、
思うままに
行動すること。

jiyu-hompo

『範馬刃牙』3巻 第20話 「監獄と地獄」より

アリゾナ州立刑務所に服役した刃牙は、そこである男に出会う。一切の自由がないはずの牢獄で勝手気ままにふるまう彼を、囚人たちは「ミスター2（セカン）」と呼んだ。いかに強くても不自由では意味がない。何ものにも縛られない肉体と精神、それこそが真の自由であり強さなのだッ!!

泣血漣如
きゅう けつ れん じょ

悲しみのあまり、
血の涙を流すように
激しく泣くこと。

kyuketsu-renjo

『範馬刃牙』5巻 第38話 「カヤの外」

恋人・マリアが昔住んでいた街で買ったハンカチーフの香りを恍惚の表情で嗅ぐオリバ。ゲバルは
そのハンカチーフにツバを吐く。愛するものが汚されたとき、本気で怒り悲しめるのも「心の強さ」
の証だッ!!

鼓舞激励

こぶげきこれい

大いに励まし、元気づけること。

負けるな大将！！！

kobu-gekirei

『範馬刃牙』16巻 第124話 「若きリーダー」

神心会の若きリーダー・愚地克巳は、決死の覚悟で最強の原人・ピクルとの闘いに臨む。闘いの場に立ったとき、克巳を包んだのは5万5000人の仲間たちの激励の声だった。強い＝孤独ではない。むしろ「応援したい」「勝たせたい」という声援こそが、強さのバロメーターなのだッ!!

遅疑逡巡（ちぎしゅんじゅん）

ぐずぐずと
いつまでも
判断できずに
ためらい
続けること。

出遅れたことは
理解していた
その理解が——

実感へと変化し——
実感は苦みへと
変化した……

chigi-shunjun

『範馬刃牙』18巻 第143話 「実感」より

刃牙はついにピクルとの決着を決心する。しかしその時、すでに兄・ジャックは闘いの場に立っていた。徳川は言う、「間の抜けた……のんびりとしたハナシよのォ……」。「明日」ではあまりに遅すぎる。思い立ったら「今」「すぐ」動くのだッ!!

柳眉倒竪

りゅうびとうじゅ

美女が細い眉を
つり上げ
激怒しているさま。

ryubi-toju

『バキ』21巻 第184話 「勇気」より

最凶死刑囚・柳の毒手を受け、戦うことすらままならぬ刃牙を闘いの場に引き上げようとする烈海王。
その非情さに梢江は激高する。「ちょうしこいてんじゃねェッッッ」。怒り、闘うことに男も女もない。
愛する者のために敢然と立ち上がるエモーションこそが、強さなのだッ!!

無我夢中（むがむちゅう）

我を忘れてしまうほど何かに
心を奪われてしまったようす。

muga-muchu

『バキ特別編 SAGA（性）』特別編4 「絶頂」より

刃牙をもってしても勝機の見えぬ "初体験" という闘争。しかし、肉体の声に身を任せ、互いの身体をむさぼりあう中でついに真理に到達する。「闘争（たたかい）とセックスはッッ そっくりだ!!」人間の思考や判断には限界がある。"正解" はいつも、無我の境地の、そのさらに先にあるのだッ!!

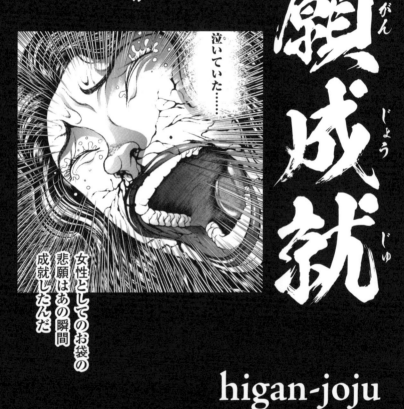

悲願成就

心の底からの
たっての願いが
叶うこと。

泣いていた……

女性としてのお袋の
悲願はあの瞬間
成就したんだ

じょう

がん

ひ

じゅ

higan-joju

『範馬刃牙』23巻 第189話 「恋に殉ずる」より

あの日、自分を守るため、父・範馬勇次郎に殺された母。それから5年が過ぎた今、刃牙は思う。
母はあのとき報われたのではないだろうかと。そして自分の悲願の正体にも気付こうとしていた。
人生を賭けて成就したい願いは、人をどこまでも強くするッ!!

暴虎馮河

喧嘩買ってください

バキさん なア———んにも言わず

虎に素手で立ち向かい、
大河を徒歩で渡ること、
転じて、
無謀なふるまいのこと。

boko-hyoga

『範馬刃牙』27巻 第223話 「闘う理由」より

単身、刃牙に無謀な闘いを挑む特攻隊長・柴千春。その実力差はあまりにも、あまりにも大きい。
だが、それは闘いをためらう理由にはならない。勝負とは、闘いとは、人生とは、「勝てるからやる」
「勝てないからやらない」 というものではないのだッ!!

自画自賛

自分で自分をほめること。

より〝強き者〟の
戦闘法から学ぶ象形拳
だから行き着く

範馬勇次郎

jiga-jisan

光の形

じゃんッツ

……………の型!!!

すまねェな……
これより強えのは
知らんもので……

『範馬刃牙』33巻 第269話 「溶け合い」より

「トリケラトプス拳」を「所詮は模倣（ものまね）」と一笑に付す勇次郎。そんな勇次郎が見せる象形拳の理想型とは、地上最強の生物＝自分を模した「範馬勇次郎の型」だった。ライバルは自分、お手本は自分。それほどの自負心がなければ、いざというときに自らを疑うことになるッ!!

哀訴嘆願

あいそたんがん

同情をひくように願い、訴えること。

もういい加減によォ

父さんに実力見せてくれよォォッ

aiso-tangan

『範馬刃牙』31巻 第256話 「反撃の狼煙」より

刃牙と勇次郎の最終決戦がついに始まった。その戦いのさなか、無意識に親子愛を確かめるようなふるまいをしてしまう刃牙。じれた勇次郎は、刃牙に実力を出すよう"懇願"する。本当に欲しいものがあるなら、なりふり構わず「よこせ」と要求する強さが必要だッ!!

百年河清

ひゃくねんかせい

黄河の水が澄むのを
待ち続けるたとえから、
いつまで経っても
かなわない望みのこと。

理解んねぇだろ
オメェたち

強過ぎちまって俺は手こずれねェんだぞ!!?

hyakunen-kasei

『範馬刃牙』36巻 第294話 「ある男の憂鬱」より

地上最強を自負する範馬勇次郎の絶望。それは、手こずる相手がいないことだった。「"強さ"も度を越すとよ 夢を奪い去っちまうんだ」。たやすい挑戦から得られる喜びはない。もし、今、目の前に壁があるのなら、それを乗り越えられることに感謝せよッ!!

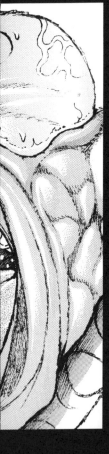

無念千万

この上なく悔しく、
無念であること。

munen-semban

俺ダッテ出来ルンダ!!!

『範馬刃牙』37巻 第306話 「対峙する相手」より

範馬刃牙と範馬勇次郎の地上最強決定戦にも終焉の時が近付いていた。あらん限りの力で殴り合う二人。この親子喧嘩から取り残された、兄・ジャック。"無念"は、人を大きくさせる最高の"成長薬"。噛み砕き、苦みに顔をゆがめ、存分に服用するのだッ!!

冷汗三斗

<ruby>冷<rt>れい</rt></ruby><ruby>汗<rt>かん</rt></ruby>三<ruby>斗<rt>と</rt></ruby>

冷や汗が
三斗（約54リットル）も
出るような
恐ろしい思いをすること。

reikan-santo

『刃牙道』9巻 第79話 「責務」より

範馬勇次郎を相手に「君らの身は俺が守護（まも）る」と言い放った本部以蔵。あまりにも命知らずな発言に、一瞬で全身から汗が噴き出し、恐怖に震える。意志を貫き通すためには、時として耐えがたい恐怖を乗り越えなければならない。その震えを武者震いに変えて征けッ!!

草木皆兵

そうもくかいへい

草や木を見ても
敵兵だと勘違い
するほど
恐れおののいて
いるようす。

許してくれェェッ〜〜

オレの負けだッ〜〜

somoku-kaihei

『バキ』18巻 第154話 「カウント・ダウン」

ガイアの環境利用闘法に翻弄され、姿の見えぬ敵からの攻撃にすくみ上がるシコルスキー。暗闇の中で10秒おきに繰り出される攻撃、その恐怖がついにシコルスキーに敗北を認めさせた。暴力で人を屈服させることはできない。相手を納得させて初めて、勝ったと言えるのだッ!!

鬼面毒笑

鬼の面を付けながら高らかに笑うような、気味の悪い恐ろしいすがた。

鬼面毒笑…?

そらーもー…
スン…ごい
顔してー

kimen-dokusho

笑ったンですわ…………………ッッ

待ちに待った勇次郎戦。花山はかつての屈辱を晴らすべく全力の拳を叩き込む。その強撃を恐ろしい笑みを浮かべながら受けきった勇次郎は、花山に「細胞が怖（おじ）けてる」と言い放つ。一度染みついた恐怖は簡単には拭えない。だからこそ、何度でも立ち向かわなければならないのだッ!!

技

Technic

「技」の章

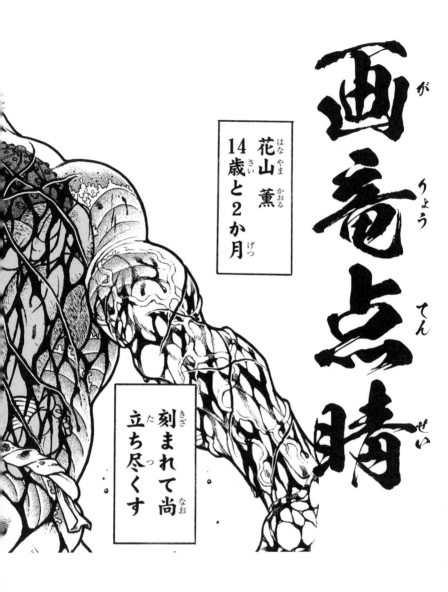

画竜点睛
（が りょう てん せい）

花山　薫
（はなやま　かおる）
14歳と2か月
（さい）　　　（げつ）

刻まれて尚
（きざ）　　　（なお）
立ち尽くす
（た）　（つ）

garyo-tensei

竜の絵に瞳を描き入れて完成させること。

転じて、ものごとを成し遂げる最後の仕上げのこと。

ここに真なる
「侠客立ち」の
完成を見る
こととなる

『刃牙道』18巻 第157話 「侠客立ち」より

代々彫り継がれてきた「侠客立ち（おとこだち）」。花山薫は、その身に多くの刀傷を刻みつけることでこれを"完成"させる。「斬られてねぇ侠客立ちなんざ侠客立ちじゃねェ」。中途半端で満足せず、最後の最後まで完璧を期す。それが強者が強者たる理由だッ!!

一意専心
いちいせんしん

他のことに
心を奪われず、
ひたすら
一つのことに
集中して
取り組むこと。

ichii-senshin

『グラップラー刃牙』35巻 第306話 「本当の正拳!!」より

「果たして正拳の握り方はこれで良いのか」、空手道に身を投じて以来、何十年も己に問いかけ続けてきた拳神・愚地独歩。子供のころ「0.9999……」と書き続けた数字がいつか「1」になると信じたように。愚直な鍛錬の積み重ねこそが、"奇跡"を生むッ!!

武術や芸道において、弟子に全ての技術を残らず伝授すること。

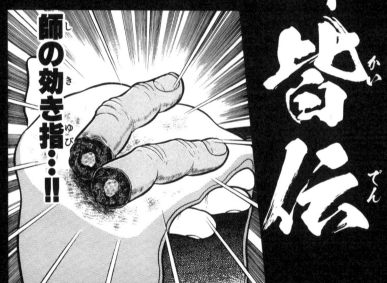

師の効き指…!!

menkyo-kaiden

『グラップラー刃牙』3巻 第23話 「鋼鉄の指をもとめて!!」より

鋼鉄の貫手を身につけるべく修行に明け暮れた少年時代の鎬昂昇。その鍛錬が成ったある日、師が笑顔と共に差し出したのは自身の効き指だった……。受け継いだ技術を鍛え、高め、そしてまた托していく。それが真の強者へと続く道のりだッ!!

雲（天）と泥（地）のように
その差が大きいこと。

無差別にも
程があるッッ!!!

大関　巨鯨
231センチ
290キロ

『バキ道』6巻 第48話　「微笑み合い」より
地下闘技場戦士 VS 大相撲、その緒戦で渋川剛気と対戦するのは大関・巨鯨。身長約1.5倍、
体重約6倍というまさに天と地ほども違う体格だが、果たして勝負は成立するのか？　しかし真の
戦士はこう考える。だからこそ乗り越える価値があるのだッ!!

zenryoku-tokyu

野球などの球技で
選手がありったけの力で
ボールを投げること。
転じて、
全力を尽くして
物事に取り組むこと。

『バキ道』6巻 第55話 「年の功」より

これまで多くの巨漢を軽々と投げ飛ばしてきた達人・渋川剛気。しかし、大関・巨鯨は、その圧
倒的な膂力（りょりょく）で渋川をボールのように投げ返してしまう。たとえ相手が格下に見えても
手を抜くべきではない。常に全力で取り組む者にだけ、勝利の女神は微笑むのだッ!!

準備万全
じゅんびばんぜん

全ての準備が
終わっていること。

考えに考えた
メニューであった

高タンパク
高ビタミン
他備蓄
低重量
……

そして長期保存……

ぜんぶ
よしッッ

jumbi-banzen

『グラップラー刃牙』11巻 第91話 「独りでゆく!!」より

最強のボクサー・ユリーに打ち勝つ肉体を手に入れるため、刃牙は山ごもりを決意する。勝負はすでに準備の時から始まっている。真の強者ほど、怠りなく入念に備え、確実に成果を手にするのだッ!!

明鏡止水

一点の曇りもない
鏡のように
澄み切った心のさま。

meikyo-shisui

『グラップラー刃牙』18 巻 第 155 話 「日本刀 VS 刃牙」より

父・範馬勇次郎との戦いを前に、刃牙は居合いの名手・黒川と対峙する。一瞬のチャンスを逃さぬよう、刃牙は目を閉じ、振り下ろされる刃の気配に集中する。一切のノイズを遮断し、感覚を静かに研ぎ澄まさなければ、正しい判断を下すことはできないッ!!

素手喧嘩
スゴテロ

sutegoro

『バキ』5巻 第35話 「まだやるかい」より

喧嘩師・花山薫が圧倒的な凄みを見せつけた、最凶死刑囚・スペックとの死闘。凶器、兵器の使用を厭わないスペックに対し、花山は己の肉体だけで闘い抜いた。闘いは勝てばいいというものではない。自らを縛る掟＝美学があってこそ、発揮される強さがあるのだッ!!

武器を一切使わない
素手での喧嘩のこと。

百発百中

ひゃっ ぱつ ひゃく ちゅう

放った矢や弾丸が
全て命中すること。

hyappatsu-hyakuchu

転じて、予想や狙いが全て的中すること。

『バキ』14巻 第118話 「怒りの剣撃①」より

中国武術は武器を使わせても最強ッ!! 最凶死刑囚ドイルに、烈海王は隠し持った暗器を叩きつける。苦悶の声を上げるドイルの姿はまるでハリネズミ。闘いの場においては一つのミスショットが命取りとなる。100％の精度でヒットする自分だけの武器を持てッ!!

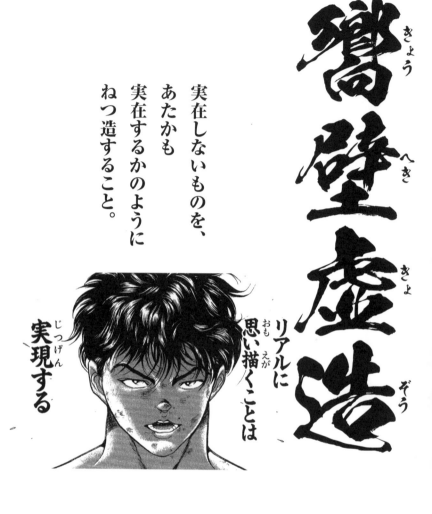

嚮壁虚造

きょうへききょぞう

実在しないものを、
あたかも
実在するかのように
ねつ造すること。

リアルに思い描くことは実現する

kyoheki-kyozo

『グラップラー刃牙』37巻 第324話 「思い込み!!」より

常人には到底不可能な「思い込み」の威力（ちから）で脅威のリアルシャドーを実現した刃牙。願わないことはかなわない、思わないことは起きない。“現実”とは、強く思い描くことでのみ“実現”するのだッ!!

わずか5歳のガキだぜ

栴檀双葉（せんだんのふたば）

優れた才能を
持つ人は、
幼少のころから
際立っていること。

sendan-no-futaba

『グラップラー刃牙』33 巻 第 292 話 「天才少年!!」より

15 年前、愚地独歩は後に養子となる克巳と出会う。当時の克巳はまだ 5 歳。しかし、その類い
希なる天稟（てんぴん）は誰の目にも明らかだった。才能に年齢は関係ない。若造と侮ることなく
優秀さに敬意を払い、むしろ学ぼうとする姿勢こそが、強者への道だッ!!

sanjurokkei

古代中国の
兵法三十六計のこと。
「三十六計逃げるに如（し）かず」とは、
どんな計略よりも
逃げることが最上であること。

あッ…

『バキ』16巻 第138話 「逃亡」より

最凶死刑囚の二人、柳とシコルスキーを圧倒する力を身につけながら、刃牙は自分と大切な人を守れる力があれば十分と笑う。そして梢江を抱きかかえて逃げ去ってしまった。真の強者はむやみに闘わない。ほんとうに大事なものは何かを知っていることもまた、強者の才なのだッ!!

裏返ったアッッ

以毒制毒

毒を以て、
毒を制すこと。
転じて、
悪事を以て、
悪事を制すこと。

idoku-seidoku

『バキ』21巻 第187話 「転じる！」より

最凶死刑囚・柳の毒手（陰手）と薬硬拳・李海王の毒手（陽手）、そして梢江の涙が化学反応を
起こしスパーク‼ 毒に蝕まれ死を待つのみだった刃牙の身体を復活させた。奇跡とは、信念、愛、
希望が結集したときに起こる“必然”なのだッ‼

進取果敢

自ら積極的に、
大きな決断力をもって
失敗を恐れることなく
取り組むこと。

今後 神心会は
中国拳法の
テイストを存分に
取り入れ

一刻も早くて
真の近代空手を
完成させるッッ

shinshu-kakan

『バキ』2巻 第14話 「近代空手」より

愚地克巳のもと「中国4000年をパクリまくる」など、これまでにない方針を掲げ、真の近代空手の完成を目指す神心会。そのためならば仇敵・烈海王も賓客として迎え入れる。成長への道にタブーなどない。むしろ最もあり得ない手法を取り入れることでのみ、イノベーションは生まれるッ!!

完全無欠

<ruby>完<rt>かん</rt></ruby><ruby>全<rt>ぜん</rt></ruby><ruby>無<rt>む</rt></ruby><ruby>欠<rt>けつ</rt></ruby>

欠点や不足、
弱点がなく、
非の打ち所のないこと。

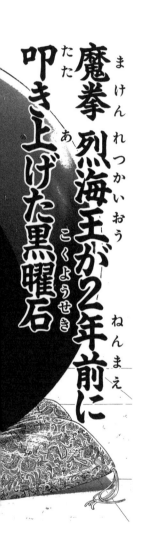

<ruby>魔拳<rt>まけん</rt></ruby> <ruby>烈海王<rt>れつかいおう</rt></ruby>が2<ruby>年前<rt>ねんまえ</rt></ruby>に<ruby>叩<rt>たた</rt></ruby>き<ruby>上<rt>あ</rt></ruby>げた<ruby>黒曜石<rt>こくようせき</rt></ruby>

kanzen-muketsu

114

それはそれは見事な
打岩（だがん）でございます

『グラップラー刃牙』33巻 第291話 「打岩」より

最大トーナメントの中でも圧倒的な強さを見せつける中国拳法。4000年にもわたる歴史の中でも
ひときわ輝く、烈海王が叩き上げた打岩の美しさ……。長い歴史と伝統、そして先人たちの知恵
と経験に裏打ちされた強さは、あまりにも尊いッ!!

紫電一閃

しでんいっせん

shiden-issen

その間 実に２秒‼︎

一瞬で激しい変化が
起こること。
紫電とは
研ぎ澄まされた刀が
振り下ろされた
瞬間のきらめき。

『バキ』24巻 第212話 「ベストコンディション」より
刃牙と狂獣・郭春成、共に偉大な父を持つ男たちの戦いはわずか２秒で決着した。実力者同士の
戦いともなれば、勝敗は紙一重。後から悔いても遅い、再戦を請うのもむなしい。その一瞬を制
せられるかどうか、それこそが実力なのだッ‼︎

鶏鳴狗盗
けいめいくとう

そのうち
テグスも
持たなくて
すむ

つまらない技術、
小細工を弄する人のこと。
あるいは、
そんなものでも
役に立つことがあること。

keimei-kuto

『バキ』6巻 第52話 「唐手から空手」より

ヤクザ相手の喧嘩で培った凶器（テグス）の技術をひけらかす加藤と、それを実戦的と褒めそや
す克巳。師・愚地独歩は空手を極めればそんなものは不要だと言い放つ。王道こそが正道。あれ
これ策を弄する前に、まずは目の前の基本を忠実にこなすことが、ブレのない強さにつながるッ!!

短所を諦め、
長所を伸ばすこと。

舎短取長

しゃ たん しゅ ちょう

競うな
持ち味をイカせッッ

shatan-shucho

『バキ』24巻 第208話 「ハンドポケット」より

ハンドポケットから繰り出される最速の居合拳法を前に手も足も出ないオリバ。にもかかわらず、自分もハンドポケットからの攻撃を繰り出そうとする姿に勇次郎がキレる。相手の得意分野で戦わず、自分の得意分野に引き込むことは、勝負における必須スキルだッ!!

真剣勝負
しんけんしょうぶ

この人
ひと

shinken-shobu

本気じゃん！

真剣で戦うこと。
転じて、
全力で勝負に臨むこと。

『範馬刃牙』1巻 第3話 「世界一の高校生」より

クラスメイトのいじめによって「世界一強い高校生」と決闘することになってしまった鮎川ルミナ少年。ナイフを手にするルミナを見て、刃牙は「だったら………本気で行かせてもらう」と戦闘態勢に入る。子供・弱者相手だからと手を抜く者には、"本番"で全力を出すことなどできはしないッ!!

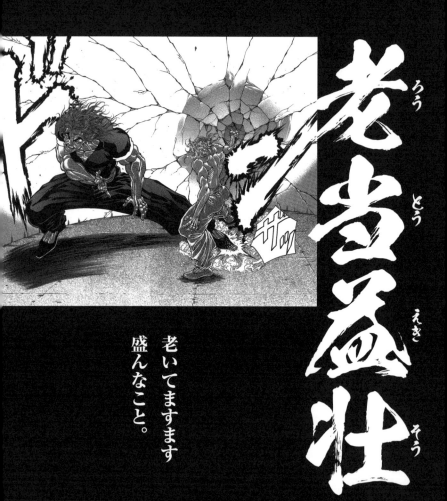

老当益壮

ろう　とう　えき　そう

老いてますます
盛んなこと。

roto-ekiso

『バキ』26巻 第231話 「海皇の拳」より

御年146歳の郭海皇。骨と皮だけの老人が、究極の脱力技「消力（シャオリー）」で、勇次郎を壁際へと追いやる。真の強者は年齢による衰えを言い訳にしない。むしろそれを強みに変える者だけが、長きにわたって強者であり続けるッ!!

緊急避難

きん きゅう ひ なん

目前の災難から
身を隠し、
やり過ごすこと。

何故 逃げる
（なぜ）
・・・・・・・・・・・？

kinkyu-hinan

『範馬刃牙』19巻 第151話 「点火」より

「こんな雄（オトコ）見たことないッッ」。白亜紀無敗のピクルですら震え上がる、不死の戦鬼・ジャック。ピクルはプライドをかなぐり捨て一目散に戦いの場から逃げ去る。生命の危険を感じたなら即逃げ出すのも強者のスキル。さもなければ、長く闘い続けることは不可能なのだッ!!

電光石火
（でん）（こう）（せつ）（か）

放たれる手刀は──
同様のメカニズムにより
加速され
加速され
加速され

音速（マッハ）を
超える
（おんそく）（こ）

denko-sekka

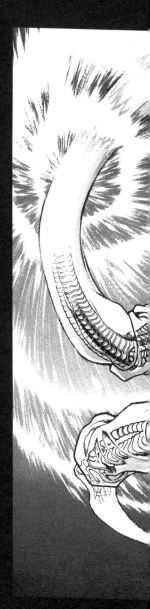

稲光のように目にも
留まらぬスピードで
動くこと。

『範馬刃牙』16巻 第128話 「空気の壁」より

全身27か所の関節を同時駆動させることで驚異的な拳速を実現する愚地克巳の必殺技・マッハ突き。そして関節を想像の力で無限に増加させ「真・マッハ突き」が誕生する……。限界を突破するのはいつの時代も、想像力なのだッ!!

千変万化

せんぺんばんか

場面、様子などが
次々に
変化すること。

sempen-banka

『範馬刃牙』20巻 第166話 「完全憑依」より

ピクルの超速タックルを前に、刃牙の手足が妖しく動く。「虎形拳ッッ」「鷹爪拳ッッ」「蟷螂拳ッッ」「猿拳ッッ」「熊掌拳ッッ」……!! ＡでダメならＢを。ＢでダメならＣとＤを。技のレパートリーの豊富さと応用力は、確かな強さに直結するッ!!

生かすも殺すも
思うがままであること。

たった今昏倒していた際……

幾度かは仕留められた筈……

seisatsu-yodatsu

『刃牙道』21巻 第184話 「絶技」より

刀の時代の血なまぐさい「武」を今の世に持ち込んだ剣豪・宮本武蔵に、刃牙は現代格闘技術を叩き込む。一瞬ではあるが昏倒し、そのことに動揺する武蔵。死こそが最大の敗北。生き延びればそれだけで大勝利。生殺与奪の権を他人に握らせるなッ!!

噛み砕く

虎の顎になぞらえた

一撃必殺

ichigeki-hissatsu

128

たった一打で
相手を倒す
という思想。
あるいは武技。

その名も　秘技<ruby>ひ<rt></rt></ruby>

虎王<ruby>ぎ<rt></rt></ruby>!!!

『範馬刃牙』34巻 第278話 「秘技・秘術」より

力、スピード、技、全てにおいて自分の上を行く、地上最強の父・勇次郎。しかし、刃牙には秘
めた奥の手、たった一発で戦況をひっくり返す秘技「虎王」があった……。多くはいらない、ただ
一発当てれば勝てる。そんな最強の技を隠し持てッ!!

Physical

「体」の章

柔軟体操

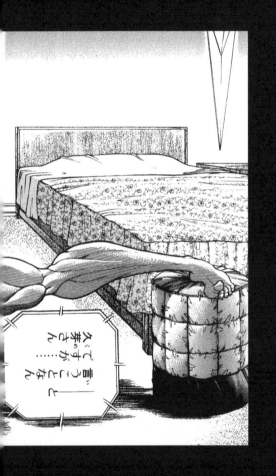

junan-taiso

凝り固まった筋を伸ばす体操。
ストレッチ。

何故5人同じ死刑囚は東京の裏……刑務所へ入囚が集む

『バキ』2巻 第12話 「甘い」より

最凶死刑囚の日本襲来を報じるニュースを見ながらストレッチに余念のない勇次郎。鬼の180度開脚を可能にする柔軟性が、そのパワーとスピードを支えている。フィジカルが弱い者が、勝負に強いわけがない。ことに現代人は、どれだけ身体意識を高めても高めすぎということはないッ！

一騎当千

いっきとうせん

たった一人で
千人の敵に
立ち向かうほどの
実力を持つこと。

ikki-tosen

『グラップラー刃牙』18巻 第153話 「最高権力 VS 最強暴力」より

勇次郎は単身、総理官邸へと乗り込む。百人を超える機動隊員に囲まれるが、不敵な笑いと共に
これを蹂躙してしまう。パワー＝強さ。時には圧倒的な力でもって、つまらない"道理"をふきと
ばせッ!!

自縄自縛

自分の縄で自分を
縛ってしまうこと。
転じて、
自らの言動のせいで
身動きが取れなく
なってしまうこと。

jijo-jibaku

『バキ』2巻 第9話 「化物（バケモノ）」より

悪ガキたちの一人、分銅使いの男を軽くあしらう刃牙。分銅（通信販売）の軌道を指一本でクルッと変えてこめかみにヒット。自らの武器で身動きが取れなくなってしまうことほど愚かなことはない。自分の攻撃の行く先を常に正確に把握せよッ!!

猪突猛進

まるでイノシシが
突進するかのように
目的に向かって
まっすぐ突き進むこと。

chototsu-moshin

『バキ』14巻 第122話 「警護る」より

死を賭して自分を警護（まも）り抜いたドイルを救うため、神心会本部までの最短ルートを駆け抜
ける烈。バイクですら、そして川ですら彼を止めることはできない。「2人だと………ッッ さすが
に沈むな………ッッ」。一見愚かに見える "猛進" だけが、不可能を可能にすることもあるッ!!

直立不動

まっすぐ立って
身動きしないようす。

動かない…ッッッ

う……ッッ

chokuritsu-fudo

『グラップラー刃牙』25巻 第214話 「ケンカ屋 VS ブラジリアン柔術」より
セルジオ・シルバは、開始の声と共にジャックへと組み付く。しかし、その体幹は巨木の如く不動
でピクリとも動かすことができない。身体のブレは思考のブレにつながる。心身共に確固たる自分
の軸を持たなければ、勝利することなど到底不可能だッ!!

天地無用

<ruby>天<rt>てん</rt></ruby><ruby>地<rt>ち</rt></ruby><ruby>無<rt>む</rt></ruby><ruby>用<rt>よう</rt></ruby>

荷物の上下を
逆にしては
いけないという
運送業界用語。

tenchi-muyo

『グラップラー刃牙』25巻 第214話 ［ケンカ屋 VS ブラジリアン柔術］より

「ハ……ハンパじゃないぜ あのカナダ野郎」。ブラジリアン柔術の強烈なタックルをものともしない
ジャックは、強烈なアッパーでセルジオを風車の如く宙に舞わせた。くだらない下馬評や小賢しい
戦前予想など、圧倒的パワーで覆せッ!!

...ッチョッ......

isshoku-sokuhatsu

ストーーーーップ

ストーーーーップ

虎

白

『バキ』3巻 第21話 「来た！来た‼ 来た‼‼」より

誰に導かれることもなく地下闘技場へと集結した最凶死刑囚たち。"実戦派"との対戦を企てていた徳川だが、死刑囚たちはお構いなしに、互いに殺気をぶつけ合い始めてしまう。強くありたいのならば、常にバチバチとした緊張感の中に身を置けッ‼

「已」「己」「巳」、
それぞれの字形が
似ていることから、
互いによく似た
もののたとえ。

己巳巳己

お元気そうで

i-ko-mi-ki

『範馬刃牙』4巻 第29話 「戦争」より

アイアン・マイケルの現役復帰を妨げるため、刑務所長は3名のそっくりな職員を呼び出す。唇・歯・舌のごとき完璧な連携を武器とする彼らは「マウス」と呼ばれていた……。確かに孤高の強さは美しい。だが大きな敵に対しては仲間との連携が不可欠で、それもまた立派な強さなのだッ‼

こうして 呼吸を合わせてる 限りは

この兵士が わたしに気付く ことはない

一心同体

isshin-dotai

二人以上の人間が、まるで心を一つにしたかのように固く結びつくこと。

『範馬刃牙』11巻 第83話 「大統領命令」より

ピクルに逢いたい一心で米軍基地に潜入した烈。巡回する兵士の背後にその身をぴったり重ね合わせることで見事、監視の目をかいくぐり基地の奥へ。しかし、そこには思いを同じくする仲間たちが集まっていた……。言葉を交わさずとも同じ志に行き着く、頼れる「同志」を持てッ!!

弱肉強食

じゃく　にく　きょう　しょく

jakuniku-kyoshoku

『範馬刃牙』12巻 第96話 「流るる涙」より

ピクルは現代の戦士たちを「敵」と認識していない。ピクルにとって彼らは「弱者」すなわち「餌」なのだッ！　烈、会心の六連撃は全く通用せず、ただ喰われるのみ。「食べてる…… 俺を……ッ」。喰うか、喰われるか。勝負の感覚を極限まで研ぎ澄ませッ!!

弱い者が強い者の糧になること。
それによって強者が栄えること。

明眸皓歯

明るく澄んだ瞳と白い歯。転じて、美人であること。

パーフェクトナチュラルパワー！

meibo-koshi

『グラップラー刃牙』1巻 第2話 「決勝戦開始!!」より
噛み合わせを補正することで身体機能をアップさせる「テンプレート」を見せつける末堂を、自慢の「パーフェクトナチュラルパワー」でおちょくる刃牙。人は見た目が9割。外見を整えて相手を威圧すれば、勝利に一歩近づけるッ!!

優れた人材が
大勢集まって
いるようす。

多士済々

た し せい せい

tashi-seisei

『グラップラー刃牙』21巻 第185話 「祭りが始まった!!」より

「選手入場!!!」。徳川光成のかけ声のもと、世界中から集まった夢見る男たち。出身地も人種も流
儀も何もかもが異なるが、皆「強さ」だけは共通だ。多様な人と混じり、競い合うことで、強さは
ますます磨かれるッ!!

害なす

しい魔物のこと。

『グラップラー刃牙』7 巻 第 60 話 「正体 !!」 より

地下闘技場で繰り広げられる愚地独歩と範馬勇次郎の激闘。勇次郎は自らの異名「鬼（オーガ）」
の正体を明らかにする……。恐るべき魔物は人間の中にこそ宿っている。それを活かすのも殺すの

起死回生

き
し
かい
せい

……復活……
……ふっ……
……かつ……

死にかかっていた人を甦らせること。

kishi-kaisei

『グラップラー刃牙』12巻 第102話 「痛みと恐怖の向こうに!!」より

脳内麻薬（エンドルフィン）の力で絶体絶命の危機から甦った刃牙。気付け代わりに親指の爪をむしり取り、最後の力を振り絞って夜叉猿に勝負を挑む。「オレがこの山 最強の雄だァッ」。死の淵から生還するたびに人は強くなる。最大のピンチこそが、最大のチャンスなのだッ!!

勇猛果敢

yumo-kakan

勇ましく、
決断力のあるさま。

勇次郎
オオッ

勇ましく、
決断力のあるさま。

『グラップラー刃牙』20巻 第172話 「母だった」より

やはり範馬勇次郎には誰も敵わないのか!?　もはや刃牙になすすべはない。それを見て、母・江珠が勇次郎に襲いかかる……。およそ勝算のない突進のおかげで、道が開けることがある。それを可能にするのは、いつも「愛」なのだッ!!

満_{まん}身_{しん}創_{そう}痍_い

体中傷だらけのようす。

manshin-soi

『グラップラー刃牙』29巻 第255話 「ロシア最強の戦士!!」より

ボクシングヘビー級王者をただの街の不良が打ち破った。負けた側よりもはるかに傷つきながら「根性」だけを武器に堂々と勝利をもぎ取った不良の鑑・柴千春。たとえどんなに傷ついても一歩も引かないその姿は「強さ」そのものだッ!!

顔面蒼白

がんめんそうはく

恐怖や怪我によって生気が失われた青ざめた顔色のこと。

gammen-sohaku

『バキ』7巻 第60話 「激震」より

完膚なきまでにドリアンに敗北した加藤。その翌日、朝稽古をしていた烈海王はサンドバックに詰め込まれた加藤を発見する……。何度となく衰弱し、息も絶え絶えに追い詰められようとも、必ずそこから戦線に復帰する。そういうしぶとい闘士のことを、人は強者と呼ぶッ!!

骨断肉斬

こつだんにくざん

骨を断たせて肉を斬る。

損得を超えた

プロレスラー特有の

捨て身の覚悟。

本来は

「肉を斬らせて骨を断つ」。

骨を断たせて肉を斬る

kotsudan-nikuzan

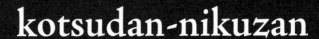

『グラップラー刃牙 外伝』第6話 「甘くない!!!」より

「敵の攻撃は全て受けてみせる!!!」。それがプロレスの矜持だとマウント斗羽は豪語する。相手に全力を出し切らせ、その上で勝利するのだ、と。一見、ばかばかしく理に合わぬ言葉だが、そんな理屈を超えた理念にこそ、人は真の強さを感じるのだッ!!

粉骨砕身

ふんこつさいしん

骨を粉にし、
身を砕くほど
努力すること。

びびらせてやる!!

funkotsu-saishin

『グラップラー刃牙』29巻 第254話 「最大の異色対決決着!!」より

東京代表の暴走族とブルックリン代表のけんか小僧（ファイティングキッズ）が己のプライドをかけて殴り合う、日米ツッパリチャンピオン決定戦。勝ち上がったのは「根性」だけで戦い抜いた柴千春だった。確かに「精神論」は時代遅れだが、そこにしかない強さも確かにあるッ!!

爆撃が終わっちまでは さあピクニックだ！

Hey！！O ブラッディーメアリー

クチャップを浴びた丘

屍山血河

死体の山、流血の河。
激しい戦闘のあと。

shizan-ketsuga

『グラップラー刃牙』40巻 第347話 「シークレットウォー・イン・ベトナム（1）」 より

1973年ベトナム。後にブラッディーメアリーの異名で呼ばれることとなるこの地は、B-52による絨毯爆撃に見舞われ、凄惨な姿に成り果てた。「もう戦場ではない」と奢った兵士たちを悪魔が襲う……。勝って兜の緒を締めよ。気をゆるめていい瞬間など、一秒たりともありはしないのだッ!!

絶体絶命

ぜつ たい ぜつ めい

zettai-zetsumei

逃れようのない
危機に追い詰められた状態。

『グラップラー刃牙』38巻 第334話 「噛みつき！噛みつき！噛みつき！」より

「噛みつき」というあまりにも原始的な攻撃で、渋川剛気を追い詰めるジャック・ハンマー。すでに左脚の腱を奪われ、歩くことすらままならぬ渋川をジャックの牙が襲う。優位に進める戦いを勝ちきるのも強さだが、敗北待ったなしのピンチから挽回するのも、また強さなのだッ!!

医食同源

ミスターは傷を負ったようだな

怪我をされたときはいつもステーキにそうだ

メニューは全て　肉とワイン　統一される

医療も食事も健康のためには欠くことができないもので、源は同じという意味。

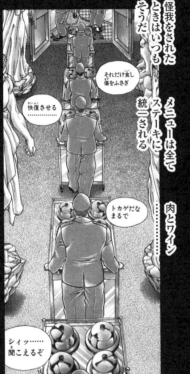

ishoku-dogen

『バキ』11巻 第91話 「許されぬ自由」より

犯罪者討伐で傷を負ったオリバは、刑務所に戻るなり大量の肉とワインで損なわれた血肉の快復を図る。実際の闘いを担うのは、心でも頭でもなく、身体だ。今の己の強さにおぼれることなく、身体を真摯にメンテナンスした者だけが、10年後、20年後も強者であり続けるッ!!

100,000 キロ カロリー・・

鯨飲馬食

鯨のように飲み、
馬のように食うこと。
転じて、
並外れた
大食らいのこと。

geiin-bashoku

『範馬刃牙』7巻 第54話 「完全決着」より

ビスケット・オリバは言う。その鍛え抜かれた肉体を維持するため、1日10万キロカロリーの摂取が必要なのだ、と。自らに必要なもの（栄養・知識・スキル・人脈）を正確に把握し、それを黙々と摂取し続ける。そのストイックさに裏打ちされていない強さなど、脆弱極まりないッ!!。

七転八倒

しち　てん　ばっ　とう

ガハッ

グ‥ッ

ガッ

ゲハー

苦しみのあまり
転げ回ること。

shichiten-batto

『バキ』13巻 第108話 「ゲハァッ!!」より

鎬昂昇の前蹴りを喉に受け、血反吐をまき散らしながら悶え苦しむ最凶死刑囚・ドイル。「起き上
がり続ける限りは倒す」。そう宣言する昂昇だが、爆薬によって顔面を吹き飛ばされてしまう。相手
がまだ動けるうちに、油断して勝ち名乗りを上げてはいけない。それは敗北への序曲なのだッ!!

大喝一声

だい かつ いっ せい

大きな声で怒鳴り、叱りつけること。

daikatsu-issei

『バキ』16 巻 第 136 話 「遅すぎるッ」より

梢江との情交を経て、最凶死刑囚をも軽くあしらう強さに目覚めた刃牙。空気を震わせる怒声に柳とシコルスキーは言葉を失い、ただ打ち据えられるのみ。声は闘いにおいて重要なフィジカル要素。場を掌握し、仲間を鼓舞し、自らを奮い立たせる。大きな声は、みなぎる生命力の証なのだッ!!

全力疾走

ぜんりょくしっそう

急ぐのだからこそ

奔るッッ

zenryoku-shisso

力一杯、全速力で走ること。

『バキ特別編 SAGA（性）』特別編　「プロローグ」より

「会いたい…… わたしを見つけて……」とだけ書かれた置き手紙を見つけた刃牙は梢江のもとに走る。電車も車も使わない。その二本の足で恋人のもとへ……ッ！　スマホが選んだルートではない、魂が知らせる道程を全速力で駆け抜けろッ!!

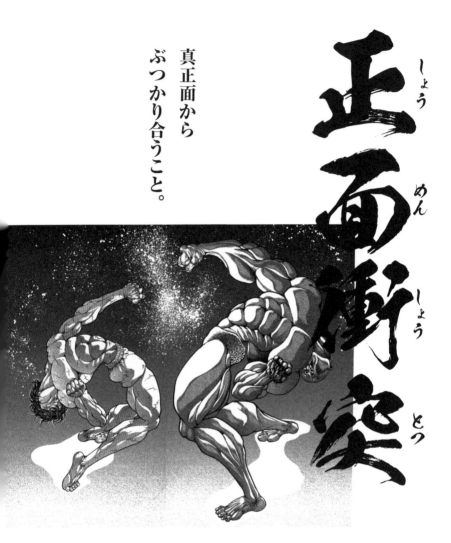

正面衝突

しょうめんしょうとつ

真正面から
ぶつかり合うこと。

shomen-shototsu

『範馬刃牙』10 巻 第 75 話 「筋肉の向こう側」より

刃牙とオリバの激突もいよいよクライマックスへ。最後の最後はやはりブン殴り合いだッ!! 体力で勝る相手に、真正面からぶつかるのは愚の骨頂かもしれない。だが、それでしか得られないものが確かにあるのだッ!!

正面突破

しょうめんとっぱ

真正面からぶつかり、打ち破ること。

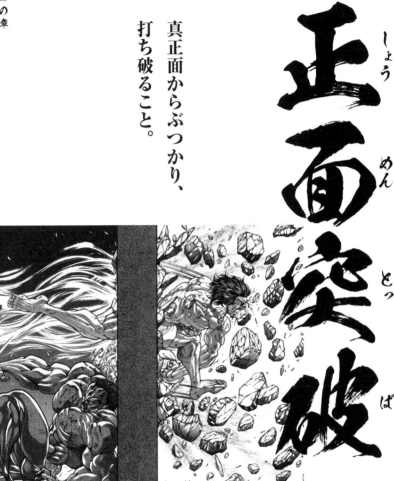

shomen-toppa

『範馬刃牙』10 巻 第 77 話 「勝る」より

意識を失い、無我の境地で拳を繰り出し続ける刃牙。倍以上の体重を持つオリバを後退させ、壁ぎわまで追いやり、そして壁の向こうへ。その気高き挑戦と達成に、看守らは思わず脱帽していた……。打算なき挑戦には、敵対する者すら感動させる力があるッ!!

り下ろし、つに切り裂くこと。

拳こそが

剣
!!!!

『刃牙道』8巻 第64話 「掴んでいる」より

真剣を手にした宮本武蔵に烈海王が挑む。敗北必至に見えた烈だが、振り下ろされた刃を拳で受け止め、"掴む"ことに成功。だが、武蔵はそんな烈を宙にハネ上げ、横一文字に斬りつけ、その命を断った。あまりにあっけなく凄惨な結末。しかし、これもまた闘いのリアルなのだッ!!

平身低頭
へいしんていとう

ひれ伏し、深く頭を下げ、恐れ入ること。

heishin-teito

『グラップラー刃牙』9 巻 第 74 話 「範馬刃牙、13 歳 !!」より

100 人の不良を集め、打倒・刃牙を誓う北沢は、さらなるダメ押しとして地元の雄・内藤の助力を乞う。中学生が相手と聞き、不満を隠さない内藤をなだめるため土下座する北沢。全てに優先する目的があるのなら見栄やプライドなどどうでもいい。その覚悟を態度で示すのだッ!!

平伏叩頭

heifuku-koto

土下座したり、
地面に頭を
こすりつけたりして
へり下った
態度をとること。

東洋での
このポーズは

そう土下座ッ

敗北のベスト・オブ・ベストッッ

100
パーセントの
降伏を意味する

『バキ』4巻 第27話 「化けの皮」より

捕らえたはずのシコルスキーから手痛い反撃を受けた猪狩は「俺を見逃してくれッッッ」と許しを乞う。もちろんこれは猪狩流の策略。相手を油断させるためなら土下座もするし、靴も舐める。勝利のために平気でそこまでできる男を、人は強者と呼ぶッ!!

五体投地
ご　たい　とう　ち

両手、両膝、額を
地面に付けて行う
仏教の最も丁寧な祈り。

gotai-tochi

『バキ』4巻 第27話 「化けの皮」より

土下座で油断を誘う猪狩を、五体を地面に放る「土下寝」スタイルでコケにするシコルスキー。数々の格闘家を屠ってきた猪狩イズムも、卑怯であることを隠そうともしない最凶死刑囚には通用しなかった。何ごとにおいても上には上がいる。つい忘れてしまいがちな教訓だッ!!

一人相撲

相手もいないのに
相撲を取っているすがた。
転じて、
相手に熱意がないのに
自分だけが
入れ込んでいるようす。

hitori-zumo

『バキ道』1巻 第5話 「力士」より

「何か見せてよ」と挑発する刃牙に対し、エア相撲を見せる野見宿禰（のみのすくね）。そのあまりのリアルさに、周囲にいた全ての人々が、"本物の立ち合い"を感じた。最初は自分だけの一人相撲でも、そこに本当の情熱が込められていれば、いつか周囲を巻き込み実現させる力を持つッ!!

絶痛絶句

極めて辛い
心や身体の痛み。

痛い！痛い！！
痛い！！！

zettsu-zekku

『グラップラー刃牙』3巻 第22話 「王者の右腕!!」より

鎬昂昇の誇る「紐切り」が炸裂した!! 健康な神経を切られるという想像を絶する痛みに悶え苦しむ刃牙。痛みを知り、痛みを乗り越えることで、人はさらに大きく成長する。どれだけの"成長痛"を経験してきたかが、そのまま強さを示す指標となるッ!!

竜虎相搏

ryuko-sohaku

竜と虎が戦うようすから、実力者同士が激しく戦うこと。

ずい分と
また……

『範馬刃牙』18巻 第141話 「咬む」より

ただどう猛に闘争だけを追い求める同類、ピクルとジャックの戦い。ピクルに「噛みっこ」を提案するジャック。もちろん言葉は通じない。しかし次の瞬間、二人は情熱的に野性的に唇を交わすのだった。思想を同じくする者同士の間では、言葉は不要ッ!!

身体が痩せていて小さいこと。

痩身矮躯（そうしんわいく）

病院だよウッッ

soshin-waiku

『バキ』18巻 第159話 「異形」より

毒手によって刃牙の肉体が徐々に毒に蝕まれていく。わずかな期間で頬はこけ、見る影もないほど
に痩せ衰えてしまった。真の強者たるもの、プロの手によるフィジカルメンテナンスを怠らない。" 病
院嫌い " では、闘いは立ちゆかないのだッ!!

五臓六腑

ご ぞう ろっ ぷ

五臓（心臓・肺臓・
肝臓・腎臓・脾臓）と、
六腑（胃・小腸・大腸・
膀胱・胆嚢・三焦）のこと。

ウンめェ

パ パ パ パ

gozo-roppu

『バキ』22巻 第189話 「喰らうゥッ!!」より

毒が裏返り復活を果たした刃牙だが、その身体に蓄えられたエネルギーはすっかりゼロに。そんな骨と皮だけの状態にまで衰弱した刃牙にとって、久々の中華料理は大変な美味だった。食は身体、食は闘争。睡眠同様、食事をおろそかにする者に勝利は決して訪れないッ!!

完全復活

かんぜんふっかつ

復ッ
活ッ

範馬刃牙
復活ッッ

kanzen-fukkatsu

傷ついた肉体が
完全に元どおりとなること。
衰退していたものが
元の勢いを取り戻すこと。

試合してェ……

『バキ』22 巻 第193 話 「目覚め」より

一度は死の淵まで追いやられた肉体が今、完全復活を遂げた。人間はどれほどの苦境に陥っても
必ずや復活できる。刃牙の内臓が誓ったように、「乗り越えてみせる !!」という強い思いで苦境を
乗り越えろッ !!

危<ruby>機<rt>き</rt></ruby><ruby>機<rt>き</rt></ruby>一<ruby>髪<rt>ぱつ</rt></ruby>

髪の毛1本の差で
安否が分かれるような
危険な状況。

kiki-ippatsu

『バキ』5巻 第42話 「風神鎌」より

最凶死刑囚・柳龍光が繰り出す風神鎌。回避しても、まるで詰め将棋のように次なる手を打ってくる柳の攻撃をいつまで捌ききれるか……。余裕をもって対処できるトラブルなど、存在しない。すべては紙一重なのだという緊張感が、確かな勝利をたぐりよせるッ!!

刮目相待

かつもくそうたい

人の目を
見張るような
成長を待ち望むこと。
あるいは
相手を見直すこと。

ジャック・ハンマー!!?

katsumoku-sotai

『バキ』13巻 第115話 「約束」より

大きな危険と痛みを伴う骨延長手術によって20センチも身長を伸ばしたジャック・ハンマー。人が成長するスピードは、ときとして周囲の予想を遥かに凌駕する。可能性を見くびるべきではないッ!!

天変地異
（てんぺんちい）

異常気象や
地震など、
大規模な
自然災害のこと。

tempen-chii

『バキ』15巻 第125話 「バカヤロウ」より

オリバ、そして烈への復讐を望むドイルに対し、愚地独歩は「オリバは隕石に当たって、烈は大地震に巻き込まれて死んでしまった」とからかう。人生、予想もしないことは起こりうる。何が起こっても後悔しないよう、今日という一日を全力で生きよッ!!

薪尽火滅

しんじんかめつ

薪が燃え尽きて
火が消えるようすから、
人が亡くなること。

shinjin-kametsu

『バキ』27巻 第238話 「鬼哭」より

骨に皮が張り付いたような老人でありながら、卓越した「技」で範馬勇次郎と互角の勝負を繰り広げた郭海皇。戦いの終焉は海皇の老衰死というあっけないものだった。若き日は赤々と燃えさかっていた薪が、最後は燃え尽きて真っ白な灰に。これこそが強者の生き様だッ!!

球体……………………!!!

堅牢堅固

kenro-kengo

186

守りが非常に固く、
容易に破れたり
壊れたりしないこと。
極めて丈夫なさま。

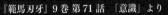

『範馬刃牙』9巻 第71話 「意識」より

これ見よがしの逆三角形の肉体を誇るビスケット・オリバ。そんな彼が示す究極の防御とは、筋肉の壁が守る「球体」だったッ! 攻めるばかりが闘いではない。完全無欠の防御もまた、相手の戦闘意欲を失わせるのに効果的。防御こそ最大の攻撃なりッ!!

螳螂之斧
とう ろう の おの

弱い者が実力を
わきまえずに
強い相手に
立ち向かうこと。

toro-no-ono

『範馬刃牙』2巻 第14話 「同種から捕食種へ」より

リアルシャドーによって体重100キロ以上に巨大化されたカマキリの打倒に成功！ 刃牙は元のサイズに戻ったカマキリを指で軽くあしらう。だが、自分よりもはるかに大きな人間に挑むカマキリの姿は、人間の魂を勇気づけるッ!!

美酒佳肴

び しゅ か こう

美味しい酒と
絶品の料理。

bishu-kako

『範馬刃牙』8巻 第62話 「弱者」より

「笑えねェのかいミスター・アンチェインッッ」。刃牙の挑発が心に刺さり、贅を尽くした料理と極
上のワインを前にしても、すぐれぬ表情のオリバ。真の美酒とは、その時、刃牙が味わっていたぬ
るい水の方なのかもしれない。食と体と心は、切っても切れないシンクロニシティなのだッ!!

頓首再拝

とん しゅ さい はい

二度深く頭を下げること。
転じて、強く敬意をあらわすこと。

お父さんに

とう

tonshu-saihai

教えなきゃ……

『範馬刃牙』33巻 第271話 「引き金（トリガー）」より

刃牙は反撃不能の一撃を勇次郎に叩き込む。一瞬意識を失い、まるで刃牙に頭を垂れるかのように転倒する勇次郎。形式的なお辞儀には意味がない。頭を下げさせるなら、心の底から下げさせるのだッ!!

食前方丈

しょく ぜん ほう じょう

贅沢な食事のこと。

片や地平線まで続く

懐石料理だった

shokuzen-hojo

『刃牙道』3巻 第24話 「印象」より

現代に甦った宮本武蔵と刃牙がついに邂逅。その刹那、刃牙は武蔵の姿から死のキノコ雲のイメージを受ける。一方、武蔵がイメージしたのは目の前いっぱいに広がる懐石料理（ごちそう）だった。好敵手との来たるべき闘いは、どんな美食にも勝る。それが闘士であり、強者なのだッ!!

威風堂々

い ふう どう どう

堂々としたようす。風格があるさま。

故に——

人目を引いてしまう

ifu-dodo

『刃牙道』10巻 第89話 「この瞬間」より

本部の乱入によって「勝負なし」となった、「史上最強の男」と「地上最強の男」の激突。戦いを終えた二人は静かに街を行くが、どうしても周囲の目を集めてしまう。猛々しい外見で周囲を威嚇するのは二流のやること。ほんとうの強者は、内面の強さがつい漏れ出てしまうのだッ!!

至大至剛

（し）（だい）（し）（ごう）

とても大きく、
とても強いこと。

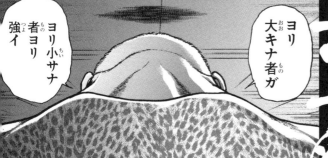

ヨリ
大（おお）キナ者（もの）ガ

ヨリ小サナ
者（もの）ヨリ
強（つよ）イ

shidai-shigo

『刃牙道』11巻 第91話 「実戦屋」より

「ヨリ大キナ者ガ ヨリ小サナ者ヨリ強イ」。ジャック・ハンマーは極めてシンプルな「真実」を追求し、これを体現してみせた。タブーを顧みずただひたすらに強さだけを追求するその精神力は、何よりも大きく強いッ!!

強い炎が
激しくわき起こること。

活火激発

かっ か げき はつ

kakka-gekihatsu

『バキ』5巻 第36話 「花火」より

激戦を繰り広げる花山とスペック。追い詰められたスペックは、隠し持った弾丸を花山の口内に押し込み暴発させる。刹那、花火のような激しい光と音が花山の顔面を破壊!! 闘いの衝撃はいつだって突然にやってくる。備えているか、不意を突かれるかが、強者と弱者を分かつッ!!

Intelligence

「知」の章

温故知新

この惑星史上
最強の突進力に学ぶ

onko-chishin

古い事柄や
知識を学ぶことで、
新たな知識や
真理を見つけだすこと。

その名も
トリケラトプス拳(けん)

『バキ道』4巻 第31話 「トリケラトプス拳」より
地下闘技場で繰り広げられる刃牙と野見宿禰の"ぶつかり稽古"。刃牙が繰り出したのは原始の象
形拳「トリケラトプス拳」だった。イノベーションの源泉は必ずしも未知の領域にあるとは限らない。
既知のもの、通り過ぎた地点からも貪欲に学ぼうとするのが、強者の発想だッ‼

こんな怪物

前代未聞

zendai-mimon

これまで見たことも
聞いたこともない、
前例のない大変な出来事。

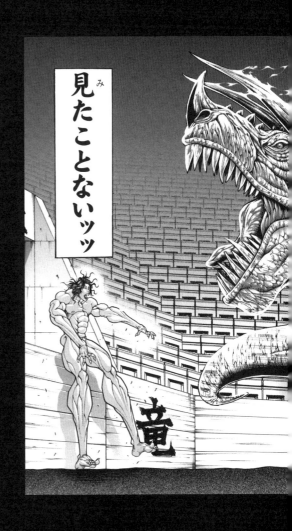

『範馬刃牙』21巻 第168話 「初対決」より
刃牙のオリジナル象形拳は「トリケラトプス拳」のさらにその先へ。さまざまな恐竜の"最強"を
合成した誰も見たことがない「天下無敵の大怪物拳」という新境地に達した。常識を打破する自
由闊達さこそが、強者の知性だッ!!

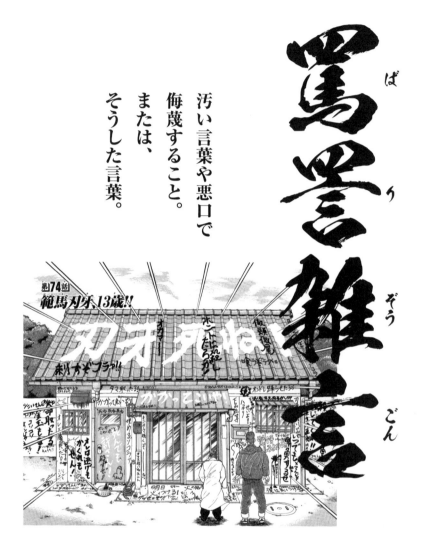

罵詈雑言

（ばりぞうごん）

汚い言葉や悪口で
侮蔑すること。
または、
そうした言葉。

bari-zogon

『グラップラー刃牙』9巻 第74話 「範馬刃牙、13歳!!」より

わずか13歳の少年・刃牙に恐れをなす街の不良たち。そんな弱虫（チンピラ）たちにできるのは、彼が不在の合間に家に悪口を書き殴っていくことだけ。陰で誹謗中傷を重ねる者ほど、どうしようもない弱者であることは、永遠不変の真実だッ!!

口耳講説

こうじこうせつ

人の話を、
その内容を
正しく理解
しないまま
人に話すこと。
受け売り。

やっぱり
あなた達は
ワカってない

花山薫という
人物を——

koji-kosetsu

『バキ』5巻 第38話 「試し割り」より

花山がスペックに殺されると思ったか？　その疑問を片平恒夫巡査（34）は一笑に付す。普通は
それで勝負ありだ、「だけどこれは花山薫のハナシでしょ」と。他人の受け売りを口にするのではな
く、自分の血肉から発せられる言葉で語れッ!!

到底実現不可能な要求、解決困難な問題のこと。

無理難題

む り なん だい

かんべんしてくれよ
オレたちは……
猿や……

ヤモリじゃ
ないんだ

muri-nandai

『バキ』16巻 第141話 「斬撃」より

ロシア・エバンズ刑務所から、ミサイル発射口をよじ登って脱走した最凶死刑囚・シコルスキー。その脱出手段はロッククライミングのプロをして「人間じゃない」と言わしめた。挑戦はいつも無理から始まるものだ。最初から「できる」挑戦など、ないと知れッ!!

名実一体

名前とその実態が
一致していること。

meijitsu-ittai

『グラップラー刃牙』1巻 第1話 「ヤツの名は刃牙!!」より

神心会主催の空手トーナメントを勝ち進む謎の白帯は何者なのか？ 末堂は「範馬刃牙」というその名から並み並みならぬものを感じていた。名は体を表す。言葉には言霊が宿る。真の強者は、発する言葉ひとつとっても決しておろそかにはしないッ!!

咀嚼玩味
（そしゃくがんみ）

強くなりたくば
喰らえ!!!

soshaku-gammi

よく噛み、味わって食べること。

『バキ』13巻 第114話 「親父ッ!!」より

刃牙と梢江の "情事" の場に突如あらわれた勇次郎は「禁欲の果てにたどり着く境地などたかが知れたもの」と言い放つ。日々の幸せ、喜び、あるいは苦しみを「早食い」するように消費してはならない。じっくり味わい尽くすことで初めて、人生の血肉となるのだッ!!

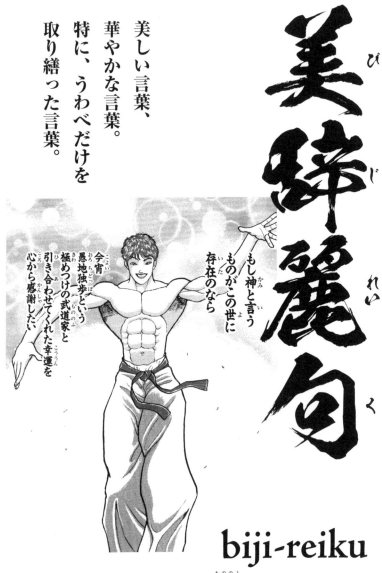

美辞麗句
びじれいく
biji-reiku

美しい言葉、華やかな言葉。
特に、うわべだけを取り繕った言葉。

もし神と言うものがこの世に存在のなら

今宵
愚地独歩という
極めつけの武道家と
引き合わせてくれた幸運を
心から感謝したい

『グラップラー刃牙』31巻 第265話 「極めつけの武道家」より

拳神・愚地独歩を前にする喜びを、戦いの場にそぐわぬ美しい言葉で表現する天内悠。だがその言葉は、なぜか人を惹きつけない……。言葉とは、人と関係を切り結ぶのに欠かせない武器だ。奢りと傲慢から出たひとりよがりな言葉は、誰の耳にも届かないッ!!

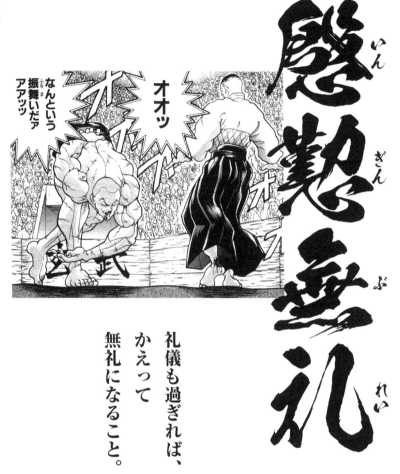

オオッ

なんという
振舞いだア
アアッ

慇懃無礼

礼儀も過ぎれば、
かえって
無礼になること。

ingin-burei

『グラップラー刃牙』38巻 第333話 「最上級の一礼」より

老人の身で最大トーナメントを勝ち抜いてきた達人・渋川剛気に対し、ジャックは不敵な笑顔を浮かべながら、とどめを刺そうとする。闘いの場において身分や年齢など関係ない。全力で勝ちに行く姿勢こそが、この上ない敬意なのだッ!!

一擲千金

itteki-senkin

大金を賭けること。
転じて、
惜しげもなく
大金をつぎ込むこと。

銭というものはのう
波斗山

円ではなく——

キロ単位で数えるものよ

『範馬刃牙』23巻 第191話 「そっとして…」より

範馬家の親子喧嘩は誰にも邪魔させない!! 徳川光成は、時の総理大臣・波斗山征夫に30キロもの闇献金を行うことで公権力の黙認を取り付ける。金は力であり、パワーであり、権力である。真の富豪（強者）は、金の使い方もまた一流なのだッ!!

ウェルカム

<ruby>一<rt>いっ</rt></ruby><ruby>攫<rt>かく</rt></ruby><ruby>千<rt>せん</rt></ruby><ruby>金<rt>きん</rt></ruby>

一瞬にして大金を得ること。

ikkaku-senkin

『範馬刃牙』26巻 第217話 「ミリオンダラー」より

烈の目前に、興行師・カイザーは大金を積み上げる。高額な報酬とは、たった一度のパフォーマンスに対して支払われるのではない。何十年にもわたって築き上げてきたもの（武）にこそ支払われるのだ。日々のたゆまぬ努力こそが、大金への近道ッ!!

思考停止

考えるのを
止めてしまうこと。

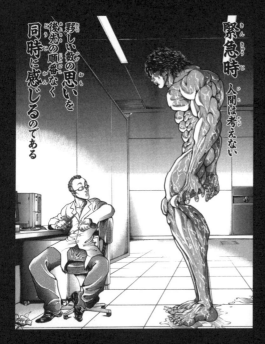

緊急時 人間は考えない

夥しい数の思いを
後先の順番なく
同時に感じるのである

shiko-teishi

『範馬刃牙 10.5 外伝 ピクル』第 2 話 「動き出した時間」より

ティラノサウルスのステーキのかぐわしい香りが、2 億年の永き眠りからピクルを覚醒（めざめ）さ
せたッ‼ 予想外のできごとにショートする、研究者・アレンの思考。こうに決まっている、こうであ
るべきといった思い込みは思考の幅を奪い、勝利への可能性を狭める。厳に慎めッ‼

興味津々

きょう・み・しん・しん

見てぇのか…他人様ン家の親子喧嘩が

いえ…

み……

見たいです!!

俺も……

非常に関心のあるさま。

kyomi-shinshin

『範馬刃牙』34巻 第281話 「戦いの聖水」より

強さを追い求めてきた花山薫、柴千春の両名は「地上最強の親子喧嘩」への興味を隠しきれない。興味を持って何か知りたいと思うこと、追求することは、学びや成長を猛烈に加速させる。「知的好奇心」もまた、強者に欠かせないスペックだッ!!

呉越同舟
ご えつ どう しゅう

敵対する者同士が、特定の状況下で共に行動すること。

こうして
俺とおまえが
同じ方向を
見て——

並んで
立つなど

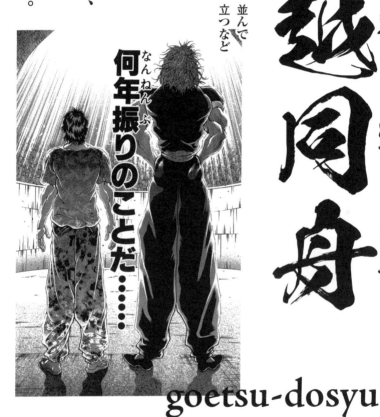

何年振りのことだ……

goetsu-dosyu

『バキ』24巻 第206話 「居合」より

大擂台賽でのルール変更により、同じチームで戦うことになった刃牙と勇次郎。ここで共闘したことがその後の二人の関係性を大きく変えていく……。たとえ仇敵でも、同じ船に乗ることで見えてくることがある。過去に囚われず常に視点を自由に保たなければ、真の強さは手に入らないッ!!

214

創意工夫

ほう
炭酸抜き
コーラ
ですか…

新しいアイデアや
工夫を凝らして、
これまでに
なかったやり方を
考え出すこと。

soi-kufu

『グラップラー刃牙』1巻 第1話 「ヤツの名は刃牙!!」より

地上最強を目指すのであれば、食事に気を配らなければならない。その点刃牙は炭酸抜きコーラや大量のおじや、そしてバナナでクイックにエネルギーを充てん。ウメボシも添えて栄養バランスもばっちり。これには神心会のメガネ君も脱帽ッ!!

画蛇添足（がだてんそく）

余計なものをつけ足すこと。

gada-tensoku

『グラップラー刃牙』31巻 第272話 「闘争の思想（たたかい）」より

「たかが人間の肉体を破壊するという単純な行為に友情だの結びつきだの愛だのと——」と勇次郎
は刃牙の思想を全否定する。物事をあえて曲解しありもしない価値を与えてしまうのは、現代人が
陥りがちなワナ。本質を見失わないために、ただ一心に向き合えッ!!

知行合一

知ること
実行することは
分けられない
という教え。

さァ刃牙君
講義開始
だッ

chiko-goitsu

『グラップラー刃牙』8巻 第69話 「破壊のレクチャー（講義）」より

「格闘技ってやつァ つきつめると必ず解剖学にブチ当たる」。医学というアプローチから人体破壊を極めるドクター鎬紅葉。人体実験で培った専門知識とそれを実践できる脅威の肉体が、刃牙を追い詰める。知ることはスタートに過ぎない。行動することでしか強さにはたどり着けないのだッ!!

百聞一見

ひゃく ぶん いっ けん

最も強力な
毒ガスと
言うのはね……
……だよ

人の話を
何度も聞くより、
実際に自分の目で
確かめたほうが
早いという教え。

hyakubun-ikken

『バキ』1巻 第6話 「日本・柳龍光」より

最凶死刑囚・柳龍光は看守たちに問う。「この地球上で最も強力な毒ガスが何かワカるかね」。その正解を柳はそっと彼らに"耳打ち"する。どれだけ机上で情報を得ようとも、それは決して血肉にはならない。実体験を超える教科書はないのだッ!!

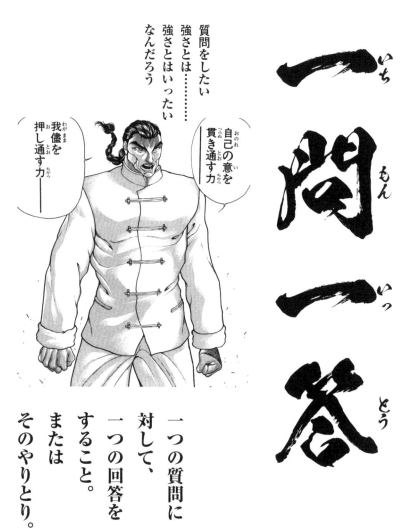

質問をしたい
強さとは……
強さとはいったい
なんだろう

自己の意を
貫き通す力

我儘を
押し通す力——

一問一答

一つの質問に
対して、
一つの回答を
すること。
または
そのやりとり。

ichimon-itto

『バキ』10巻 第82話 「喜劇」より

卑劣な手段で神心会関係者を次々と陥れていくドリアンの前に、烈海王が立ちはだかる。「強さとは何か」と問いかけるドリアンに烈は即答する……。人生は終わりのない一問一答の繰り返しだ。自分に質問し続け、答えを求め続けることでしか前に進むことはできないッ!!

名論卓説

優れた議論、
立派な考え、
意見。

最愛にくらべたら
最強なんて

meiron-takusetsu

『バキ』13巻 第110話 「最愛」より

「最愛」を知って強くなったのは刃牙だけではなかった。梢江もまた、愛の力で強く、逞しく成長していた。喧嘩師・花山薫を前に一歩も引かず「愛」の強さを説く梢江。強者が放つ言葉の説得力は、確かな経験に裏打ちされたものばかり。何かについて論じたいのなら、まずは力をつけよッ‼

百世之師

ひゃくせいのし

後世まで尊敬され、師と仰がれる人。

hyakusei-no-shi

『範馬刃牙』29巻 第237話 「報告」より
脅威のスタートダッシュに魅せられ、いつの頃からかゴキブリを「師匠」と敬うようになった刃牙。
たとえ世間からさげすまれる存在でも、その能力を認めたらすすんで頭を垂れる。すべての強者は、
謙虚な知性を持ち合わせているッ!!

前途多難

<ruby>前<rt>ぜん</rt></ruby><ruby>途<rt>と</rt></ruby><ruby>多<rt>た</rt></ruby><ruby>難<rt>なん</rt></ruby>

未来に
さまざまな困難が
待ち構えていること。

zento-tanan

『バキ』17 巻 第 151 話 「見えざる恐怖」より

因縁のライバルである柳龍光からの果たし状を受け、戦いの場へと向かう達人・渋川剛気。その
目前に浮かぶ幻の障害物が、渋川に「行ってはならぬ」と激しく警告する。困難は必ずしも悪いこ
とばかりではない。それを乗り越えた先には、必ず強くなった自分が待っているのだからッ!!

衣鉢相伝

師の教えや意志を
受け継いでいくこと。

偉大な父親が
成し得なかった
夢…………

キサマごときが
完成したと言うのか

ihatsu-soden

『バキ』20巻 第170話 「五里霧中」より

父親が果たせなかった夢、マホメド・アライ流拳法。それがどのように完成したか、自分自身で確かめてみろと、アライ Jr. は範馬勇次郎を挑発する。夢を受け継ぐとは、技術を継承するだけではない。そこに込められた思いをも受け継ぎ、磨き上げていくことなのだッ!!

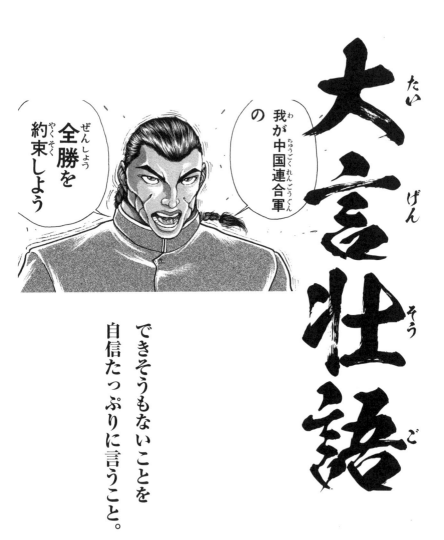

大言壮語

たいげんそうご

の我が中国連合軍の

全勝を約束しよう

できそうもないことを
自信たっぷりに言うこと。

taigen-sogo

『バキ』23巻 第202話 「心意気やよし」より

大擂台賽一回戦において、中国人のほとんどが敗退するという異常事態。烈海王は恥を忍んでチーム戦へのルール変更を提案し、代わりに、中国チームの全勝を宣言する。言葉には力が宿る。強者はみなその力を知っているからこそ、あえて自信ありげに言葉を発するのだッ!!

回心転意

かいしんてんい

それまでの考えや
態度を改めること。

そんなふうに
考えていた
時期が

俺にも
ありました

kaishin-teni

『バキ』25巻 第223話 「蹴る!!」より

かつて、プロボクサーたちを前に蹴り技などがないことを理由に「君らは闘技者として不完全だッ」
と言い放った刃牙だが、戦いのキャリアを積んでいく中で「ボクシングには蹴り技が存在します」
と前言を撤回。成長は過去の自分を超えることから始まる。間違いを素直に認められる人であれッ!!

曖昧模糊

<ruby>曖<rt>あい</rt></ruby><ruby>昧<rt>まい</rt></ruby><ruby>模<rt>も</rt></ruby><ruby>糊<rt>こ</rt></ruby>

ものごとが
はっきりしない、
不明瞭なさま。

aimai-moko

『バキ』17巻 第150話 「未知なる闘法」より

闘技場の砂を身にまとい、砂埃に隠れながら攻撃を繰り出すガイアに防戦一方のシコルスキーは「なぜ男らしく戦おうとしないッ」と激しく怒る……。人ははっきりしないものに不安を感じる。闘いを有利に進めるためには、自分の正体をつかませないようにふるまうのもひとつの作戦だッ!!

眼光炯炯

眼（がん）光（こう）炯（けい）炯（けい）

目が鋭く
光っているようす。
転じて、
全てを見透かすような、
人を圧倒する目付き。

御老公（ごろうこう）

心配せんでも（とばり）

ピクルは
こっち側（がわ）
ですよ

ganko-keikei

『範馬刃牙』19 巻 第 156 話 「超雄同士…」 より

「飢えることがなければピクルはもう戦わない」と言うペイン博士の分析を花山薫は一笑に付す。ピクルは自分たちと同じ、“こっち側” だ、と。そう断言する花山の目は絶対の自信に満ちあふれていた。強者は常に洞察力を働かせて、真実を見抜いているッ!!

一目瞭然

そのアイアン・マイケルが
ボクの眼の前にいる

速ッ

ichimoku-ryozen

ひと目見ただけでものごとが
はっきりとわかること。

VTRの中にしかいない
最強 最高の時のマイケルが
ボクの前で闘っている
最盛期の動きだッ

『範馬刃牙』1巻 第7話 「意志力」より
刃牙が披露する河原でのリアルシャドー。自称ボクシング通の少年、ルミナの目前に浮かび上がったのは、元統一世界ヘヴィ級チャンピオン、アイアン・マイケルの全盛期の姿だった！ イメージの力は時に現実を超える。「リアル」を超える「リアリティ」で現実を凌駕しろッ!!

霊魂不滅

<ruby>霊<rt>れい</rt></ruby><ruby>魂<rt>こん</rt></ruby><ruby>不<rt>ふ</rt></ruby><ruby>滅<rt>めつ</rt></ruby>

肉体は滅んでも
霊魂は滅びない
という考え方。

reikon-fumetsu

憑いてるわァ……

『バキ道』9巻 第74話 「飲み会」より

ピクルとの激闘で喪った右腕を、死した烈海王の右腕で補った愚地克巳。そこには、明らかに "盟友" の魂が宿っており……。いつの日か肉体は必ず滅ぶ。しかし、全身全霊で生きた人間の魂は、必ずや同じ道を征く仲間たちに受け継がれる。

宣誓ッ

信誓旦旦

誓いを立てて
その実行を
固く約束
すること。

shinsei-tantan

『範馬刃牙』22巻 第182話 「友好条約」より

第40代大統領ロナルド・リーガンから続く、米国と範馬勇次郎の友好条約締結。新大統領バラク・オズマも「神の下」この友好条約の遵守を宣誓した。人と確かな信頼関係を築くことも、真の強さには欠かせない才能だッ!!

千慮一失

あの味噌汁は
少し
しょっぱい

思い当たる
フシがある

どんな賢者、
名人にも
一つくらいは
間違いがあること。

senryo-no-isshitsu

『範馬刃牙』37巻 最終話 「さようなら」より

衆人環視のもと行われたエア夜食の場で、味噌汁の味付けのミスを認めたくないあまり嘘をつく勇次郎。どんな強者でも失敗やミスを完全になくすことはできない。失敗を受け入れ次の成功につなげる柔軟性こそが、強さの源だッ!!

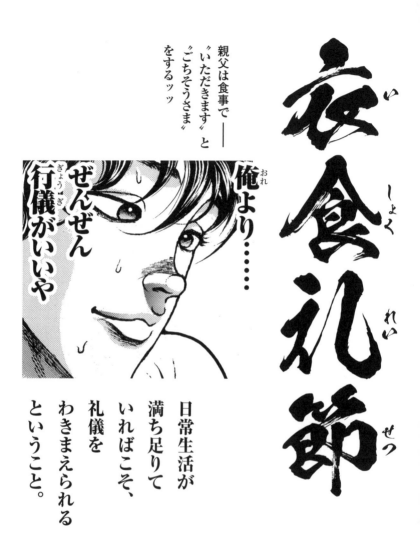

衣食礼節

ishoku-reisetsu

親父は食事で——
〝いただきます〟と
〝ごちそうさま〟
をするッ

俺より……

ぜんぜん
行儀がいいや

日常生活が
満ち足りて
いればこそ、
礼儀を
わきまえられる
ということ。

『範馬刃牙』30巻 第247話 「ジャンケン」より

「俺は……この人のことをちゃんと知っているのか!!?」。父・勇次郎を招いた晩餐の場で、無頼の極みに見える勇次郎が完璧な礼儀作法を身につけていることに驚く。外見だけで人を判断してはならない。それはどんな強者も陥りがちな魂のワナだ。自戒せよッ!!

無骨一辺

礼儀作法を知らず、風流を理解できないこと。

ゴメン…
ちゃんと
教えられたこと
なかったし

イヤミか
貴様ツッ

bukotsu-ippen

『範馬刃牙』30巻 第249話 「最後の晩餐」より

高級レストランでの食事に、Tシャツにジーンズでやってきた息子を叱りつける父。「ちゃんと教えられたことなかったし」と言い訳する刃牙を勇次郎は一喝する。礼儀作法やマナーはただの決まりごとではなく、他者への敬意のあらわれ。その心構えがなくて、強さを語る資格はないッ!!

襲名披露

<ruby>襲<rt>しゅう</rt></ruby><ruby>名<rt>めい</rt></ruby><ruby>披<rt>ひ</rt></ruby><ruby>露<rt>ろう</rt></ruby>

先代の名前や家名を
受け継いだことを
広く知らせること。

地上最強を<ruby>名乗れ<rt>なの</rt></ruby>

<ruby>地上最強<rt>ちじょうさいきょう</rt></ruby>を<ruby>名乗<rt>なの</rt></ruby>れ

— shumei-hiro

『範馬刃牙』37巻 最終話 「さようなら」より

「地上最強」という、地球上でただ一人にしか許されない栄冠。その座を刃牙に譲ると勇次郎は
宣言する。栄誉ある名前や肩書きは受け継いだときがゴールではない。スタートなのだ。名前に込
められた期待や役割を背負い、さらなる努力が求められると知れッ!!

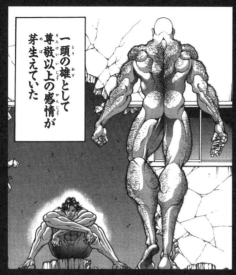

一頭の雄として
尊敬以上の感情が
芽生えていた

開心見誠
かい　しん　けん　せい

誠意をもって
人に接すること。
隠しごとをせずに
心の内をさらすこと。

kaishin-kensei

『範馬刃牙 10.5 外伝 ピクル』最終話　「雄として」より

「君をもっと知りたい」。文字通り裸一貫でピクルとの対話に臨むキャプテン・ストライダム。相互に理解しあい、真の信頼関係を築きたいのであれば、何よりも相手に真摯に向き合う姿勢が不可欠だ。虚飾を脱ぎ捨て、裸の自分でぶつかれッ!!

即断即決

すくだんそくけつ

sokudan-sokketsu

迅速に判断し、すぐに決断すること。

『刃牙道』1巻 第2話「王者（チャンピオン）」より

今日もまた、一人の男が徳川光成の元を訪れ、地上最強の王者・範馬刃牙への挑戦を願う。その請願に即答で応じる徳川。むろん刃牙も断らない。真の強者は判断に時間をかけない。うだうだ悩まずとも、やればすぐに理解（わか）るからだッ!!

永垂不朽

えい すい ふ きゅう

eisui-fukyu

永遠に垂れ落ちず、朽ちることがない。転じて、名声や業績が末永く伝えられること。

歴史上最も有名な侍
宮本武蔵

議論の余地もなく
最強の象徴だ

『刃牙道』1巻 第5話 「ジョン・ホナー」より

「人類（ヒト）を作製（つく）りたい」。徳川光成はその野望を古生物学者ジョン・ホナー博士に語り聞かせる。作製り上げるのは、歴史上最も有名な侍（ソードマン）、宮本武蔵。外国人ですらその名を知る"ビッグネーム"だ。真の偉人は、その名だけで400年後の人々の心を興奮させるッ!!

空手家にとって道場は「自室」だぜ

「引きこもり」は続行中だ

牽強付会

自分の都合の良いように理屈をこじつけること。

kenkyo-fukai

『刃牙道』17巻 第148話 「常日頃」より

宮本武蔵との対戦で敗北を喫し「引きこもり」を宣言した……はずだったのが、いつの間にか道場に出入りし始めた愚地独歩。過去の自分の言動に縛られ何もできなくなるよりも、自分で自分を言いくるめてでも前に進んだほうがいい。その強（したた）かさこそが、強さだッ!!

体重 × スピード × 握力 =

破壊力（はかいりょく）

論旨明快

ろん・し・めい・かい

論点や主旨が
明確で
理解しやすいこと。

ronshi-meikai

『バキ道』8巻 第73話 「闇」より

極真空手創始者・大山倍達氏が唱えた「体重×スピード×握力＝破壊力」という計算式。鍛えることを「女々しい」と断ずる花山薫の強さを表現するフレーズとしてこれ以上のものはない。とかく情報量の多い現代社会において、シンプルさはそれだけで強さだッ!!

勝利宣言

勝ったのは
俺だ

己の勝ちを
宣言すること。

shori-sengen

『グラップラー刃牙』36巻 第318話 「"勝った"のは俺だ!!」より

最大トーナメント準決勝、刃牙は戦いの場に立つや否や、烈海王に「勝った」と宣言する。ともすると傲慢にも映る勝利宣言だが、その覚悟こそが戦士を強者へと導く。己は強いという自信を持たずして、勝利できるはずもないッ!!

俺の

敗北です

敗北宣言

己の負けを
宣言すること。

haiboku-sengen

『範馬刃牙』37巻 最終話 「さようなら」より

ついに、刃牙と勇次郎による親子喧嘩が決着。地上最強の座を譲ると言う父に対し、息子は「見下ろしている者こそが勝利者」と己の敗北を宣言する。己の負けを認めることは、真に心強き者にしかできない行為。その先に待つ、さらなる成長をつかめッ!!

Love

「愛」の章

親子で争ったり

親子喧嘩

父の拳は何を思う……

oyako-genka

248

いがみ合ったり
すること。

息子の拳は——
父を感じていた

役情……

重量……

顎……

顔面……

筋力ッ！

『範馬刃牙』37巻 第307話 「拳から伝わるモノ」より

拳を握り、真正面から殴り合う範馬家の親子喧嘩。その拳の握り方、打ち込み方を教えてくれた
のは父だった。他者とどっしり腰を据えて濃密なコミュニケーションを取れる胆力もまた、強者に
欠かせない力だッ!!

比翼連理

男女の愛情が深く、
心と心が強く
結びついていること。

アタシ
の
……

ドッポ
ちゃん
……

スーパー
マン
……

hiyoku-renri

『グラップラー刃牙』7巻 第55話 「時が来た!!」より

仇敵・勇次郎との戦いに出向く夫・独歩を気丈に送り出す妻・夏江。男女・公私問わず、共に長い時間を過ごし支え合ってきたパートナーは、強者をもう1ランク上の強さへと押し上げるッ!!

子供を大切に
育てること。
あるいは、
甘やかし
すぎること。

omba-higasa

『グラップラー刃牙』14巻 第125話 「朱沢邸にて──」より

刃牙を範馬勇次郎の息子と呼ぶに相応しい男に育て上げるため、一流のコーチ・施設で近代的な
トレーニングをさせてきた江珠を勇次郎は嗤う。そんなやり方では真の強者は育たない、と。強く
逞しい人間を育てるには、時に困難を与え、自ら考え実行する力を身につけさせねばならないッ!!

エア夜食！！！

一家団欒

ikka-danran

家族が集まり、楽しく過ごすこと。

『範馬刃牙』37 巻 第 311 話 「親父の味」より

高級レストランでの "躾" から始まり、鞭打、ゴキブリタックル、トリケラトプス拳、範馬勇次郎の型、トリガー勝負、虎王、ドレス……そして最後は真っ正面からの殴り合い。思うさま "伝え" 合ったら、食卓を囲んで仲直りだッ‼ 「ああ……美味い…ちょっとしょっぱいけど……」。

兄弟喧嘩

兄弟で争ったり
いがみ合ったり
すること。

きょう だい げん か

kyodai-genka

『グラップラー刃牙』25巻 第222話 「兄弟対決2」より

最強の肉体を誇る兄・紅葉と「紐切り鎬」の異名を持つ弟・昂昇。実の兄弟が最大トーナメントで激突!!「おまえの空手ごときが優勝を狙えるシロモノではない」と言い放つ兄に、弟は禁断の秘技を叩き込む! どれだけ近しい間柄でも、全力で勝ちに行く。それが強者の矜持だッ!!

兄友弟恭

けい ゆう てい きょう

兄は弟に
愛情を尽くし、
弟は兄を
敬うこと。

keiyu-teikyo

『グラップラー刃牙』26 巻 第 225 話 「兄弟対決 5」より

鎬家の兄弟喧嘩は、兄・紅葉の攻撃を全て受けきってみせた弟・昴昇の勝利で終焉を迎える。格
闘者として自らを上回った弟を、兄は優しく抱きしめるのだった。どれだけ近しい間柄でも、相手
をひとりの人間としてリスペクトしなければ、強靱な人間関係は築けないッ!!

以心伝心
いしんでんしん

言葉や文字を
必要とせず、
心と心で気持ちが
通じ合うこと。

……と思いまして
今日はカルシウム
だけを

ハハ……

女房以上だ

ishin-denshin

『グラップラー刃牙』25巻 第216話 「親父が連れて来た男」より

「相手が何を欲しているかを察知して満たしてあげる」ことが愛、そして愛なくして勝ち続けることはできないと微笑む天内悠。関係性を深めるためには、言葉だけでは伝わらない微妙な感情や意図を汲み取ることが重要。相手の心を掴まずして、勝利を掴むことはできないッ!!

内助之功

お家で
おソバゆで
たげる♡

ある人の成功を
身内が陰から
支えること。

naijo-no-ko

『グラップラー刃牙』36巻 第314話 「年季」より

達人・渋川剛気に敗北し、茫然自失の愚地独歩。神心会の看板を下ろすという独歩に加藤、末堂は言葉を失うばかりだ。するとそこに妻・夏江が登場。まるで子供をあやすように独歩の心を解きほぐしていく。心を許せるパートナーは、強者に必ず必要な存在なのだッ!!

愛別離苦

aibetsu-ri-ku

愛する者との別れを悲しみ、苦しく思うこと。

『グラップラー刃牙』20巻 第175話 「決意」より

母さんが、自分の命を守るために死んでしまった!! この事実を受け入れられない刃牙は母の亡骸を背負ってただ、奔る。人生には避けられない別れや喪失がある。しかしその経験を通じてこそ人は大切なものの価値を再確認できる。悲しみを乗り越え、もっと強くなれッ!!

教育熱心
<ruby>教<rt>きょう</rt></ruby><ruby>育<rt>いく</rt></ruby><ruby>熱<rt>ねっ</rt></ruby><ruby>心<rt>しん</rt></ruby>

子供の教育に
一所懸命に取り組むこと。

kyoiku-nesshin

『範馬刃牙』31巻 第251話 「真・親子喧嘩」より

反抗的な息子・刃牙の性根を叩き直すのだと鉄拳制裁も辞さぬ父・勇次郎。教える方も教わる方も、全身全霊。（暴力はさておき）これぐらい濃密なコミュニケーションを通じて得られる学びは、血肉となり、二度と失われることはないッ!!

躾を
ほどこしている
最中でな

相思相愛

そう し そう あい

soshi-soai

お互いに愛し合っていること。

アンタ俺に惚れてる

『バキ』3巻 第23話 「開始!!」より

地下闘技場での顔合わせ後、さっそく接触する愚地独歩とドリアン。出会った時から惹かれ合っていた二人は、自然と互いを求めた……。一方的に「ああしろ」「こうしろ」と押しつけるのではなく、相互に意識し、高め合える関係こそ、求めるべきパートナーシップだッ!!

安車蒲輪（あんしゃほりん）

老人をいたわり、
もてなすこと。

ansha-horin

『バキ』26巻 第226話 「力」より

あの範馬勇次郎をして、その強さを称えずにはいられない郭海皇。「おまえたちは誇っていい 郭海皇は中国拳法そのものだ」。対等に闘う相手となれば、そこに年齢や性別は関係ない。互いにひたすらに勝利を求め合うのみだッ!!

咳唾成珠 (がいだせいしゅ)

咳やツバでさえ
珠玉になるたとえから、
一つひとつの言葉が美しく、
優れた詩文の才能を
持っていること。

gaida-seishu

『グラップラー刃牙』39 巻 第 343 話 「死闘のしぶき」より

「達人は保護されているッッッ」など、さまざまな名言で最大トーナメントを盛り上げてきたアナウンサー。その冴えわたる弁舌は、決勝戦で激しく開花した。闘いを通じて成長するのは当人たちだけではない。周囲を巻き込んで全体をアゲていくのが、強者の闘いなのだッ!!

機嫌なおして
おくれよォ…
ハニィ……

どうか…

人の気分。
転じて、
機嫌を取るふるまい。

kigen-kizuma

『範馬刃牙』6巻 第40話 「前夜」より

最強の肉体を誇りながらも心の底からひれ伏し、ただひたすらに愛を伝えるオリバ。誠意とは、誰にでも備わっているようでいて、自尊心ゆえになかなか発揮できない、実に繊細な武器（ウェポン）なのだッ!!

柏<ruby>手<rt>はく</rt></ruby><ruby>喝<rt>しゅ</rt></ruby><ruby>采<rt>かつ</rt></ruby>

さい

手を叩いて
大きな声で誉め讃えること。

hakushu-kassai

『グラップラー刃牙』42巻 第369話 「みんなアリガトウ!!」 より

ジャック・ハンマーとの死闘を制し、最大トーナメント王者となった刃牙。その栄誉を会場にいる
全ての人が祝福する。闘いの勝者に求められるのは、歓声と応援に感謝の意を表し、その喜びを
全身で表現することのみ。さあ高らかに勝ち名乗りを上げろッ!!

「強い」ことは
美しい!!!

「強い」ことは
スバラシイ!!!

ストロング
イズ
ビューティフル!!!

アリガトウ
範馬刃牙ッッ

曲眉豊頬

きょく　び　ほう　きょう

kyokubi-hokyo

美しい眉、柔らかそうな頬を備えた、美女のこと。

始めなさいよ
はやく………♡

『範馬刃牙』6巻 第41話 「愛」より

オリバの恋人が、ついに衆人環視のもとに。その姿は噂されていた姿とはあまりに異なっていたが、オリバはその美を少しも疑わない。「見とれているんだよマリア 君の美しさに」。他人の評価など一顧だにせず、ただただ自らの気持ちに殉ずる。強者の愛はいつも美しいッ!

彼女が住んでいた
街（エリア）に
このハンカチーフが
あったというだけで…

ここに彼女を
感じ取ることが
できる

愛及屋烏

aikyu-okuu

好きになりすぎて、
その人の家の屋根に
とまっている烏まで
愛してしまうこと。

『範馬刃牙』5巻 第38話 「カヤの外」より

恋人・マリアを愛するあまり、かつて彼女が住んでいた街で買っただけのハンカチーフの香りにす
ら興奮を覚えてしまうオリバ。強者が示す愛は、実に規模が大きい。「機嫌がいいときの君は好き
なんだけど……」などとケチ臭いことを言わないのだッ!!

孝悌忠信

<ruby>孝<rt>こう</rt></ruby><ruby>悌<rt>てい</rt></ruby><ruby>忠<rt>ちゅう</rt></ruby><ruby>信<rt>しん</rt></ruby>

誠意をもって
両親や年長者に
仕えること。

昔からな
館長にイチバン
叱られたのが俺だ……
だからこそ
俺がイチバン

師匠思いッ

kotei-chushin

『バキ』7巻 第55話 「師匠思い」より

ドリアンの隠れ家を突き止めた加藤は、師の屈辱を晴らすという一念で奮闘。ドリアンは「あるいはもっと優秀な戦士（ウォーリア）なのかな」と評価を改める。人は誰しも、誰かから学んで成長していく。「この人のために」という師への思いは、ときに爆発的な成長のきっかけとなるッ!!

ウァ……

鬼面仏心

一見、怖そうだが
内心はとても
やさしいこと。

kimen-busshin

『バキ』22巻 第189話 「喰らうッッ!!」より

死の淵に立たされた刃牙を救うため、あらゆる手を尽くす烈海王。そこには友を想う、熱い親愛の情があった。ともに闘う仲間との友情は、闘士にとってかけがえのないエネルギーとなるッ!!

情意投合
<small>じょう い とう ごう</small>

お互いの気持ちが
ぴったりと
重なり合うこと。

もう少しだけ
恋愛の最中に……

joi-togo

『範馬刃牙』23巻 第186話 「闘いの遺伝子」より

恋のライバルの登場で、にわかに揺らぐ刃牙と梢江の関係だったが、気がつけば、二人はまたこれまでのように寄り添い合う。「君が幸せでさえあるのなら 俺じゃなくてもいい…そう割り切れるほど達観しちゃいない」。「恋」とは炎のように揺らぎながら、不変の「愛」に昇華していくのだッ!!

戦いたくて
戦いたくて
戦いたくて
戦いたくて
戦いたくて
戦いたい奴らッ

その奴ら
それぞれに
相応しい好敵手に
引き合わせるッ

それが
ワシに課せ
られた天命
じゃ

月下氷人

げっ か ひょう じん

男女の縁を
取りもつ人、
仲人のこと。

gekka-hyojin

『範馬刃牙』24巻 第200話 「天命」より

「儂の勤めとは何だ!?」「結婚相談所じゃよ」徳川は誰かと誰かを引き合わせることを、自らの天命だと断言する。好敵手、パートナー、仲間……。すべての出会いには縁がある。その巡り合わせをつかめたものだけが、強者となれるのだッ!!

一宿一飯
いっしゅくいっぱん

isshuku-ippan

一晩泊めてもらったり、
食事をごちそうになるなど、
旅の途中で世話になった恩義。

『刃牙道』18巻 第157話 「任侠立ち」より

ただ一夜の宿を供された恩義だけで我が身を盾に家の長子を守り抜いた旅の博徒。以来、花山家の家長はその威容を刺青としてその身に刻む習わしとなった。他人から受けた恩義を深く受け止め、次の人へと手を差し伸べることで、世界はより善くなっていくのだッ‼

絶命して尚

我身を楯に立ち尽くす

昼想夜夢

<ruby>昼<rt>ちゅう</rt></ruby><ruby>想<rt>そう</rt></ruby><ruby>夜<rt>や</rt></ruby><ruby>夢<rt>む</rt></ruby>

目覚めているときに
想ったことを
夜に夢見ること。
ずっと思い続けること。

倅のこと
ばかり
考えて
いる

なにをしていても
心の隅に刃牙がいる

chuso-yamu

『範馬刃牙』29巻 第242話 「逞しさ」より

「何をしていても 心の隅に刃牙（やつ）がいる」。それはまるで恋愛のようだと勇次郎は言う。最近は、刃牙に手も足も出ない夢をよく見る、とも。時間や場所を問わず常に心の中で思い続ける相手がいる。ひとりでいても孤独ではない。それは男女・公私問わず、圧倒的に幸せなことだッ!!

伝々恋々

ならば
わたしは今
恋焦がれている

遠い過去から
やってきた あの
野生
そのものにッ

恋い焦がれるあまり
諦められないさま。

ii-renren

『範馬刃牙』12巻 第90話 「興味の対象」より
原人・ピクルに翻弄される現代戦士たち。とりわけ烈海王は、寝ても覚めても思い描くのはピクル
のことばかり。「この気持ち 恋愛とよく似ています」。何か一つのことに賭けてきた者は、「想う」
という行為においてもその才能を遺憾なく発揮するッ!!

莫逆之友
ばく　ぎゃく　の　とも

互いの心が通じ合い、逆らうものがまったくない親友。

bakugyaku-no-tomo

『刃牙道』13巻 第113話 「絶好調（ベストコンディション）」より

一切の食事を断ち、"絶好調（ベストコンディション）"で、最強の餌、宮本武蔵の来訪を待つピクル。「"やる気"だよピクルは」。かつて死闘を演じた刃牙には、言葉を交わさずともその想いがありありと伝わってくる。言葉が要らないほどの仲間を得ることは、強者にとっての夢だッ!!

尊尚親愛

尊敬し、
親しみをもって
接すること。

アンタを尊敬
している

sonsho-shinai

『バキ』19 巻 第 166 話 「鬼の敬意（リスペクト）」より

その孤高の強さ、苛烈な性質から、友人らしい友人を持たない範馬勇次郎。そんな彼が唯一敬意を示したのがボクシング界の英雄、マホメド・アライだ。あらゆる弱者を代表して戦った「力なき者の希望だ」と。観客の心を奮い立たせるような闘いを、強者なら魅せろッ!!

報恩謝徳

ほう　おん　しゃ　とく

受けた恩義に
感謝の念をもって報いること。

hoon-shatoku

『グラップラー刃牙』42巻 第369話 「みんなアリガトウ!!」より

「遅えぞチャンプッッッッ」。戦いを終えた刃牙を待ちかまえていたのは、最大トーナメントで競い合った戦友たちだった。この優しさにどう報いれば良いのだろうか。それはもちろん……もっと強くなること。次はもっと軽々と叩きのめす。それが闘士の礼儀なのだッ!!

俺……
アリガトウ
みんな

もっと強(つよ)くなります

人生で大切なことは、ほぼほぼ「刃牙」に書いてあった

編集の古川さんから、「刃牙×四字熟語で本を作りませんか?」という打診を受けた時、光の速さで「や

ります!」と答えていた。

直感的に、面白そう、と思ったからだ。

だが同時に「それって、誰が読むのかな……?」と心配に思ったのも確かだ(すぐに伝えた)。

いわゆる武闘派体育会系の刃牙と、インテリ派文化系の四字熟語、あまりに取り合わせが悪くないだろ

うか、と。もちろんミスマッチとしては面白い。だが、読者層が合っているだろうか、と。

それでも「日ごろはオトナとしての仮面をかぶり、のうのうと生きているけれど(いや、だからこそ)、心

の内には強さへの憧れを秘め、できることなら思う存分人と殴り合ってみたいという不穏な欲求を抱え

た現代人(それは私だ)に、刺さるのでは?」とも思った。

282

すぐに盟友(にして、マンガ読みの師匠である)山下さんに声をかけ、「刃牙×四字熟語」という大海原に漕ぎ出した。

今回改めて、刃牙を読み通して思ったのは「これは生き方の教典だ」ということだった。刃牙は(当たり前すぎて、改めて言うことでもないのだが)通り一遍の格闘漫画ではない。

一貫して描かれるのは「強さ」だ。

勝利を追究する姿勢、敗北を受け入れる心構え、逆境に挫けない心、好機に油断するなという戒め、強靱な身体と柔軟な精神が人生には欠かせないというメッセージ。

敵を敬いなさい、仲間を尊びなさい、大切な人を全力で愛しなさい、強者に挑め、弱者を守護れ、自らが選び取った幸福を決して他人に奪わせるな……。

なんだこれは。

これはまさに「生きるための教科書」であり、どんな自己啓発書よりも雄弁で力強い「幸福になるための

方法」じゃないか。「現代人がこの世をサバイブするための全部」が描いてあるじゃないか。

魅力的なキャラクターたちが織りなす名シーンの数々は、もちろん鳥肌が立つほどかっこいい。が、それだけではなく、そこに込められた「生きるためのメッセージ」を読み解くほどに、力づけ、励まされ、元気が出るのを実感する。

そして、それらのメッセージは、歴史の選別をくぐり抜けた名言・名句である、故事成語・四字熟語と、相性がいい。どころか完全にリンクしていて、結果的に「刃牙×四字熟語」は、想像以上の化学反応を引き起こした。

本書を読めば、「強さと幸福」のすべてを、かつてないスピードで学べる。

刃牙が好きでよかった、マンガが好きでよかった、四字熟語が好きでよかった、言葉が好きでよかったと、今、心から思っている。

企画を発案し実現までこぎ着けてくれた古川さん、コマ選び（選びきれないッ!!）から四字熟語選び（刃牙の世界観に合ったものを探セッ!!）までフル稼働してくれた山下さんには、両腕からこぼれるほどの感

謝を捧げたい。

また、デザイナー・井上新八氏の「超装丁」、コスプレイヤー・えなこ氏の「鬼開脚」は、まさに「地上最強」の名にふさわしい迫力で、ただただ口をあんぐりと開けるしかなかった(すごかった……)。

最後に。

こんなにも素晴らしくて素敵でかっこよくて最強な「刃牙」シリーズを生み出してくれた、板垣恵介氏と秋田書店のみなさまには、尊敬と崇拝の念しかない。本当にありがとうございました、これからも応援し続けます!!

2023年　秋

五百田　達成

285

新たなる、
もう一人の地上最強。

範<ruby>馬<rt>ま</rt></ruby><ruby>刃<rt>ば</rt></ruby><ruby>牙<rt>き</rt></ruby>

<ruby>範<rt>はん</rt></ruby>

Hanma Baki

『グラップラー刃牙』42巻 最終話 「闘いたい‼」より

【出典（マンガ）】

板垣恵介 『グラップラー刃牙』『グラップラー刃牙 外伝』『バキ』『範馬刃牙』『範馬刃牙 10.5 外伝 ピクル』『刃牙道』『バキ道』（秋田書店「週刊少年チャンピオン」）『バキ特別編　SAGA［性］』（秋田書店「ヤングチャンピオン・コミックス」刊）すべて©板垣恵介（秋田書店）1992

刃牙に学ぶ　地上最強四字熟語

2023年12月5日　第1刷発行

著　　　者　　五百田達成
発 行 人　　土屋徹
編 集 人　　滝口勝弘
編集担当　　古川有衣子
発 行 所　　株式会社Gakken
　　　　　　〒 141-8416　東京都品川区西五反田 2-11-8

印 刷 所　　大日本印刷株式会社

●この本に関する各種お問い合わせ先
本の内容については、下記サイトのお問い合わせフォームよりお願いします。
https://www.corp-gakken.co.jp/contact/
・在庫については Tel 03-6431-1201（販売部）
・不良品（落丁、乱丁）については Tel 0570-000577
　学研業務センター 〒 354-0045 埼玉県入間郡三芳町上富 279-1
・上記以外のお問い合わせは Tel 0570-056-710（学研グループ総合案内）

学研グループの書籍・雑誌についての新刊情報・詳細情報は、下記をご覧ください。
学研出版サイト https://hon.gakken.jp/